Haddon W. Robinson,
Wasser auf dürres Land

Haddon W. Robinson

Wasser auf dürres Land

Biblisch predigen

Aufbau und Vortrag von bibelauslegenden Predigten

Originaltitel: Biblical Preaching

Herausgeber der deutschsprachigen Ausgabe 1992:
Christliche Verlagsgesellschaft Dillenburg und BAO, Österreich

Umschlaggestaltung: Dieter Otten, Gummersbach
Druck: Druckhaus Gummersbach
Made in F.R.G.

ISBN 3-89436-043-7

Inhaltsverzeichnis

---

[1] Exegese, exegetisch = Erklärung, Auslegung, bzw. erklärend, auslegend.

[2] Homiletik, homiletisch = Predigtgestaltung, gestaltend.

Vorwort der deutschen Ausgabe

Sieht man sich heute in den verschiedenen Gemeinden um, dann stellt man fest, daß überwiegend thematisch gepredigt wird. Das heißt, zu einem bestimmten Thema stellt der Verkündiger verschiedene Abschnitte der Heiligen Schrift zusammen und baut so seine Predigt auf. Das ist gewiß sehr informativ und belehrend, wenn es um spezielle Themen wie Anbetung, Nachfolge, Taufe oder dergleichen geht. Exegetische, d.h. bibelauslegende Predigten haben jedoch den großen Vorteil, daß sie sich beim Hörer tiefer einprägen. Diese Art der Predigt gründet sich auf einen bestimmten Bibeltext und legt ihn konsequent, d.h. historisch, heilsgeschichtlich, evangelistisch und praktisch glaubensstärkend aus.

Wir freuen uns, daß wir mit diesem Buch jedem im Verkündigungsdienst stehenden Bruder eine Hilfe für die systematische Erarbeitung eines Bibeltextes und für eine wirkungsvolle Verkündigung bieten können.

Wer den Hintergrund unseres Verlages kennt und weiß, daß wir mit der sogenannten Brüderbewegung verbunden sind, der wird vielleicht über manche gebrauchte Formulierung oder vorgestellte Methodik staunen, denn in den Gemeinden dieser Bewegung gibt es keine fest angestellten Prediger in den Ortsgemeinden. Brüder die vom Herrn befähigt sind, dienen der Gemeinde mit dem Wort Gottes. Ist da ein solches Buch notwendig?

Wenn wir bedenken, daß auch begnadete Prediger wie Moody, Mackintosh, Darby, Kelly, Spurgeon, Busch u.v.a. "ihre" Methode hatten, um einen Bibeltext auszulegen und vorzustellen, dann erscheint es uns als eine gute Möglichkeit, von einem erfahrenen Prediger des Wortes mit Hilfe dieses Buches eine gewisse Systematik in der Erarbeitung der Heiligen Schrift zu erlernen. Wir wollen allen Brüdern, die irgendwo und irgendwann das Wort Gottes verkündigen, eine Hilfe bieten.

Uns ist bewußt, daß ein gesegneter Verkündigungsdienst in erster Linie aus der Befähigung kommt, die nur der Herr Jesus schenken kann. Diese von Ihm gegebene Gabe gilt es aber anzufachen und zu stärken. Dazu wollen wir mit diesem Buch beitragen.

Der Autor Haddon W. Robinson ist für diese Aufgabe bestens ausgerüstet. Er leitet seit über 10 Jahren das *Conservative Baptist Theological Seminary* und vor dieser Zeit unterrichtete er 19 Jahre lang Homiletik an dem als bibeltreu geltenden *Dallas Theological Seminary*.

Es ist unsere begleitende Bitte an unseren Herrn, daß Er durch dieses Buch eine noch tiefere Freude an der Beschäftigung mit Seinem Wort schenkt und daß es zur Glaubensstärkung des Verkündigers und zum Segen all derer, die von ihm das Wort Gottes ausgelegt bekommen, diene.

Christliche Verlagsgesellschaft

Vorwort der Originalausgabe

Wenn ich selbst anfange, ein Buch zu lesen, betrachte ich manchmal das Vorwort als Seiten, die man überspringen kann. Wie unpassende Lieder in einem schlecht geplanten Gottesdienst, so verwendet der Autor sein Vorwort oft als Puffer, bevor er zur Sache des Buches kommt.

Als Autor jedoch halte ich ein Vorwort für absolut notwendig. Es geschieht nicht ohne Zögern, daß ich dieses Buch schreibe, und das Vorwort erlaubt mir, eine Verzichtserklärung abzugeben. Weil sich in der Predigtliteratur viele Namen von brillanten Predigern und ausgezeichneten Lehrern finden, sollte man es sich zweimal überlegen, bevor man sich in diese Liste einreiht.

Der Leser nimmt verständlicherweise an, daß jeder, der über das Predigen schreibt, sich selbst für einen Meister dieses Faches hält. In meinem Fall ist dem aber nicht so! Ich habe schon genügend Predigten gehalten, die längst wieder vergessen sind und ich kenne das Gefühl nach einer Predigt, das mir sagt, daß ich von der Kunst des Predigens herzlich wenig verstehe.

Wenn ich überhaupt eine Qualifikation anführen kann, dann ist es wohl die des Zuhörens. In den 20 Jahren meiner Lehrtätigkeit habe ich in Seminaren sechstausend Predigten von Studenten beurteilen müssen. Manche meiner Freunde wundern sich, daß ich beim Anhören so vieler holpriger Predigten von Anfängern noch nicht zum Atheisten geworden bin. Aber weil ich gerade diesen Anfängern gut zugehört habe, lernte ich daraus, was zu einer guten Predigt gehört und was nicht.

Als Ausbildender möchte ich mich vergleichen mit einem Fußballtrainer, der selbst nie Fußballstar war, aber seine Mannschaft erfolgreich mehrmals zum Meistertitel geführt hat.

Viele meiner Studenten stehen heute im Verkündigungsdienst. Sie haben mir versichert, daß ich auf manche Weise Einfluß auf ihren Dienst hatte. Wir alle wissen, daß die Kenntnis von Methoden und Formen allein noch keinen guten Prediger macht. Man muß zu dieser Aufgabe eine gewisse Begabung mitbringen und, was noch viel wichtiger ist, den unstillbaren Wunsch, die Aussagen der Bibel mit dem Leben zu verknüpfen. Richard Baxter bemerkte einmal, daß er keinen wertvollen Prediger kenne, der nicht den sehnlichsten Wunsch habe, die Früchte seiner Arbeit auch zu sehen. Prinzipien müssen zuerst mit dieser tiefen Sehnsucht vereint werden, bevor etwas Bedeutendes vom Predigtpult aus geschieht. Ich möchte in diesem Buch sowohl an diejenigen eine Methode weitergeben, die lernen wollen, wirkungsvoll zu predigen, als auch an erfahrene Prediger, die ihre Grundlagen überdenken möchten. Ich hoffe, daß mein Stil einfach und klar genug ist, sodaß auch ungeübte Männer und Frauen, die die Bibel lehren, aus diesem Buch etwas Nutzen ziehen können. Ich weiß, daß jeder Leser sein Vorverständnis mitbringt - sein Leben, seine Einsichten, seine Reife, Phantasie und Hingabe - aber so wie Wasserstoff und Sauerstoff zusammen erst Wasser bilden, gehören Sehnsucht und Ausbildung zusammen, um ein wirkungsvoller Botschafter der Wahrheit Gottes zu sein.

Als ich anfing zu unterrichten, dachte ich nicht daran, auch etwas zu veröffentlichen. Ich wollte nur viele hilfreiche Ratschläge zusammentragen, die meinen Studenten bei ihren Predigtvorbereitungen helfen konnten. Aus Verzweiflung und um etwas Vernünftiges zu sagen, habe ich viel gelesen. Meine Dankbarkeit den Autoren gegenüber kann ich nicht genug hervorheben. Das Buch *Design for Preaching* von H. Grady Davis gab mir wertvolle Hinweise. Als ich dabei war, meinen eigenen Weg zu finden, hat mich sein Buch gefunden. Vielleicht will er nichts mit meinem Buch zu tun haben, aber sein Buch erwies sich als Sauerteig für mein Denken. Ich habe auch aus unzähligen anderen Quellen geschöpft - einige habe ich vergessen, aber bestimmt nicht mit Absicht. Diesen unbekannten Mitarbeitern möchte ich als Trost einige Verse widmen, die Richard Kipling über Homer schrieb:

"Wenn Homer seine Lyra spielte,
hörte er überall Menschen singen,
und die Melodien, die er selbst gebrauchen wollte,
nahm er von ihnen - genau wie ich!

Marktfrauen und Fischer,
Schäfer und Seemänner
hörten ihn altbekannte Lieder singen,
aber schwiegen - genau wie Du!

Sie wußten, daß er sie gestohlen hatte;
er wußte, daß sie es wußten.
Sie sagten nichts dazu und machten nicht viel Aufhebens,
aber sie zwinkerten Homer zu
und er zwinkerte zurück - genau wie wir!"

Ich stehe auch in der Schuld von Studenten, die mir Fragen stellten, mit denen ich mich auseinandersetzen mußte, oder die mir auf freundliche Art und Weise deutlich machten, daß ich mich nicht klar genug ausgedrückt habe. Meine früheren Kollegen haben weit mehr beigetragen, als sie ahnen. Duane Litfin, John Reed, Mike Cocoris, Elliot Johnson, Harold Hoehner und Zane Hodges sind Menschen, die Gott von ganzem Herzen lieben und die nicht zögerten, ihre Verstandesgaben für ihn einzusetzen. Bruce Waltke vom Regent College hatte über 20 Jahre großen Einfluß auf mein Leben und war mein Vorbild für eine Lehre, die mit dem Leben verknüpft ist. Weil diese und viele andere Männer mein Leben tief beeinflußt haben, ist es nur fair, daß sie auch die Verantwortung für die Schwächen dieses Buches mittragen!

Besondere Ewähnung verdient Nancy Hardin. Sie hat nicht nur das Manuskript durchgesehen und getippt, sondern auch meine Zeiteinteilung überwacht, damit ich genug Zeit zum Schreiben hatte.

Und nicht zuletzt meine Frau Bonnie! Wieviel habe ich ihr zu verdanken! Nur sie selbst weiß, wenn sie diese Worte liest, wieviel sie für mich getan hat, und nur ich weiß wie stark ihr Einfluß auf mein Leben ist.

Damit ist das Vorwort abgeschlossen, und wir kommen zur eigentlichen Aufgabe. Jeder, der sensibel für die Worte der Bibel ist, kennt die Ehrfurcht vor dem Predigtdienst. Matthew Simpson führt in seinen *Lectures on Preaching* den Leser folgendermaßen in die Thematik ein: "Der Thron des Predigers ist die Kanzel; er steht an Christi Stelle; seine Botschaft ist das Wort Gottes; er ist von unsterblichen Seelen umgeben; der Erlöser ist unsichtbar neben ihm; der Heilige Geist schwebt über der Versammlung; Engel schauen auf die Szene herab; und Himmel und Hölle warten auf den Ausgang. Welch eine Gesellschaft und welch unermeßliche Verantwortung!"

Die Notwendigkeit von bibelauslegendem Predigen

Viele, die den Titel und den Inhalt dieses Buches überfliegen, werden es für überflüssig halten. Predigen - in welcher Weise auch immer - scheint kein drängendes, wichtiges Bedürfnis der christlichen Welt zu sein. Das Predigen, so ist aus manchen Kreisen zu hören, sei nicht mehr zeitgemäß und könne eigentlich abgeschafft werden. Es gäbe andere Methoden und Formen der Verkündigung, die "effektiver" sind und die Menschen unserer Zeit stärker ansprechen.

1. Die Abwertung des Predigens

Eine Erklärungsmöglichkeit für den niedrigen Stellenwert, den eine Predigt heute im allgemeinen hat, ist im gesellschaftlichen Wandel zu finden. Das Image des Predigers hat sich offensichtlich geändert. Man nimmt den meisten Verkündigern nicht mehr ab, daß sie etwas Wesentliches zu sagen haben, sie gehören nicht mehr zu den geistigen Führern der Gesellschaft. Für viele Gemeindeglieder ist der Prediger heutzutage alles in allem "sympathisch, hilfsbereit, Animateur der Jugend, Liebling alter Damen, zurückhaltend gegenüber jungen Damen, ein Unterhalter einsamer Menschen, Vateridol für junge Leute und leutseliger Repräsentant der Gemeinde bei Festveranstaltungen und Empfängen" (Kyle Haselden). Aber daß er darüberhinaus auch etwas zu sagen habe, nimmt man ihm nicht mehr ab.

Hinzu kommt, daß der Prediger in eine Gesellschaft hineinsprechen muß, die mit Kommunikation überschwemmt ist. Die Massenmedien überschütten uns täglich mit einer Fülle verschiedenartiger Botschaften. Radio und Fernsehen senden Werbungen, die wie ein Evangelium verkündet werden. Vor diesem Hintergrund erscheint der Prediger nur als ein weiterer Reklamemacher, der etwas Effekt in die Lehre von Leben und Tod bringen will.

Viel wichtiger ist es noch, daß der Prediger sich einer vollmächtigen Botschaft beraubt fühlt. Die moderne Theologie vermittelt ihm oft nur äußerst verschwommene Vorstellungen von der biblischen Wahrheit. Zudem sind viele verunsichert dadurch, daß ihre aufgeklärten Zuhörer den Wissenschaften mehr als der Bibel glauben. Das ist auch der Grund, weshalb sich manche Verkündiger mehr um Kommunikationsformen als um ihre Botschaft kümmern. Multimedia-Shows, Kurzfilme, Lightshows und moderne Musik verdrängen immer mehr die Predigt.

Natürlich kann moderne Technik die Kommunikation unterstützen und verbessern, aber sie kann auch nur zu leicht zum Ersatz für den fehlenden Inhalt werden. Für viele ist das soziale Engagement der Gemeinde wichtiger als das Predigen. Um heute ein Zeugnis für Gott zu sein, muß man handeln, nicht reden, meinen sie. Sie glauben, daß die Apostel sich irrten, als sie zu dem Schluß kamen: "Es ist nicht recht daß wir für die Mahlzeiten sorgen und darüber das Wort Gottes vernachlässigen" (Apg.6,2). In der Zeit des Aktivismus ist es stattdessen moderner zu sagen: "Wir sollten nicht den Dienst an bedürftigen Menschen versäumen, um das Wort Gottes zu predigen."

2. Die Notwendigkeit des Predigens

Trotz der allgemeinen Abwertung des Predigens und des Predigers aus den genannten Gründen, wird niemand, der die Bibel ernst nimmt, das Predigen generell ablehnen. Schon Paulus, der viele wichtige Briefe des Neuen Testaments geschrieben hat, die bis heute zu den einflußreichsten Dokumenten der Geschichte gehören, bekannte: "Denn mich verlangt danach, euch zu sehen, damit ich euch etwas mitteile an geistlicher Gabe, um euch zu stärken; das heißt, daß ich zusammen mit euch getröstet werde durch euren und meinen Glauben, den wir miteinander haben" (Röm.1,11-12). Paulus war sich offenbar klar darüber, daß einige Dienste einfach seine persönliche Anwesenheit erforderten. Sogar das Vorlesen eines inspirierten Briefes war kein Ersatz dafür. "Darum, so viel an mir liegt, bin ich Willens, auch euch in Rom das Evangelium zu predigen" (Röm.1,15). Das gesprochene Wort hat eine Macht, die auch das unfehlbare Wort der Schrift nicht ersetzen kann.

Für die Schreiber des Neuen Testaments war die Predigt das Ereignis schlechthin, durch das Gott wirksam wurde. Petrus erinnerte seine Leser daran, daß sie wiedergeboren sind "nicht aus vergänglichem, sondern aus unvergänglichem Samen, nämlich aus dem lebendigen

Wort Gottes, das da bleibt" (1.Petr.1,23). Wie hatte dieses Wort ihr Leben beeinflußt? Der Einfluß des Wortes Gottes kam durch die Verkündigung zustande: "Das ist aber das Wort, welches unter euch als Evangelium verkündigt worden ist" (1.Petr.1,25). Die Predigt des Evangeliums war der Same ihrer Neugeburt.

Hinzu kommt, was Paulus über die geistliche Entwicklung der Thessalonicher erzählte, die sich bekehrt hatten "zu Gott von den Abgöttern, zu dienen dem lebendigen und wahren Gott und zu warten auf seinen Sohn vom Himmel" (1.Thes.1,9-10). Das geschah, erklärte der Apostel, weil "ihr das Wort der göttlichen Predigt, das ihr von uns empfangen habt, nicht als Menschenwort aufgenommen habt, sondern, als das, was es in Wahrheit ist, als Gottes Wort, das in euch wirkt, die ihr glaubt" (1.Thes.2,13). Paulus dachte bei einer Predigt nicht an eine Diskussion über theologische Fragen. Er war sich bewußt, daß Gott durch ihn sprach, um Menschen mit der Wahrheit zu konfrontieren und zu sich zu ziehen.

Das erklärt, warum Paulus seinen jungen Gehilfen Timotheus ermutigte: "Predige das Wort" (2.Tim.4,2). Predigen bedeutet, hinausschreien, verkündigen oder ermahnen. Der Prediger sollte so tief von seiner Predigt ergriffen sein, daß er leidenschaftlich und begeistert spricht. Wenn ein Prediger als Verkündiger spricht, muß er "das Wort" hinausrufen. Das ist das Mindeste, was man von einer guten, christlichen Predigt verlangen kann.

3. Die Wichtigkeit der bibelauslegenden Predigt

(Welcher Art sollte eine Predigt sein?)

Ein Prediger ist oft versucht, über etwas anderes als über die Heilige Schrift zu reden. Politik, Wirtschaftstheorien, neue religiöse Philosophien oder psychologische Trends bieten sich als Themen an. In der Dreiviertelstunde am Sonntag hat der Prediger die Möglichkeit, seinen Zuhörern in religiösen Tönen zu erzählen was er will. Solange er verfehlt, Gottes Wort zu verkündigen, wird er seine Autorität preisgeben. Er verkündigt dann nicht mehr göttliche Wahrheit, sondern eine von vielen menschlichen Meinungen. Weil Gott nicht dahintersteht, rufen die meisten "modernen" Predigten nur noch ein müdes Gähnen hervor.

Gott redet durch die Bibel. Sie ist für ihn auch heute noch das wichtigste Mittel, um Menschen anzusprechen. Darum darf eine bibelorientierte Predigt auch nicht gleichgesetzt werden mit der "uralten Story von Jesus und Seiner Liebe zu den Menschen", als wenn es nur eine Geschichte aus der alten Zeit wäre, als Gott noch lebte und es ihm gut ging. Auch sollte eine Predigt nicht einfach christliches Gedankengut aufwärmen, das zwar als richtig anerkannt werden mag, aber mit der Wirklichkeit nichts zu tun hat. Gott will durch die Predigt Menschen erlösen (2.Tim.3,15) und ihnen helfen, zu reichen und reifen Christen heranzuwachsen (2.Tim.3,16-17). Es ist ein ehrfurchtsvoller Moment, wenn Gott einen Menschen durch die Predigt konfrontiert und seine Seele trifft.

Die beste Art, um die Kraft der göttlichen Autorität zu vermitteln, ist bibelauslegendes Predigen. Es wäre jedoch naiv anzunehmen, daß alle Leute mit dieser Ansicht übereinstimmen. Zu viele Leute, die gelangweilt worden sind mit Predigten, die angeblich bibelauslegend waren, die aber so trocken waren wie Haferflocken ohne Milch, werden diese Meinung nicht teilen. Obwohl die meisten Prediger in der Theorie mit der bibelauslegenden Predigt übereinstimmen, aber in der Praxis ganz anders predigen, werden sie dieser Ansicht nicht zustimmen.

Ich muß zugeben, daß viele, die vorgaben bibelorientiert zu predigen, dem Ruf dieser Art der Predigt eher geschadet haben. Nicht alles, was als bibelauslegende Predigt angesehen wird, kann weder als "bibeltreu" noch als "predigen" qualifiziert werden. Bedauerlicherweise gibt es keine Norm für bibelorientierte Predigten. Infolgedessen kann jeder das Etikett "bibelauslegend" für seine Predigt verwenden, ohne daß irgendeine Instanz ihn korrigiert. Obwohl durch Hochstapler viel Schaden angerichtet worden ist, hat echte bibelauslegende Verkündigung die Kraft des lebendigen Gottes hinter sich.

Was ist nun wirklich echte bibelauslegende Predigt? Was sind die Kriterien dafür? Wie vergleicht oder unterscheidet man sie von anderen Arten der Predigten?

4. Definition von bibelauslegendem Predigen

Definieren ist eine heikle Sache, weil durch die Definition ein Thema eingeengt und einer Entwicklung beraubt wird. Ein kleiner Junge der einen Frosch zerlegt, um herauszufinden, warum er hüpft, zerstört dabei dessen Leben. Predigen ist ein lebendiger Vorgang, der Gott, den Prediger und die Zuhörer umfaßt. Keine Definition kann diese Dynamik und das Wechselspiel aller Beteiligten vollständig erfassen. Trotzdem sollten wir eine Arbeitsdefinition versuchen:

"Eine Predigt, die die Bibel auslegt, will eine biblische Vorstellung vermitteln. Diese Vorstellung wird durch historische, sprachliche und literarische Analyse einem Bibeltext entnommen und durch den Heiligen Geist zuallererst beim Prediger selbst, in dessen Persönlichkeit und seinem Erleben zur Anwendung gebracht, und dann durch ihn seinen Zuhörern ins Herz gelegt.

Der Bibeltext als Grundlage der Predigt.
Was ist also der Kern dieser sorgfältig formulierten und eher trockenen Arbeitsdefinition? Zuerst und über allem soll der Gedanke des biblischen Schreibers das Wesentliche der bibelauslegenden Predigt sein. Das Lesen des Bibeltextes sollte nicht nur ein Vorspann sein, wie das Spielen der Nationalhymne vor einem Fußball Länderspiel. "Der Text sollte so präsentiert werden, als würde aus dem neuesten Bestseller des Büchermarkts vorgelesen. Der Prediger muß die Botschaft des Wortes Gottes an den Mann bringen" (nach R. H. Montgomery).

Bibelauslegendes Predigen ist in seinem Kern mehr ein Prinzip als eine Methode. Um zu entscheiden, ob man ein bibelauslegender Prediger ist, muß man sich fragen: "Laß ich meine Gedanken von der Heiligen Schrift beeinflussen oder benutze ich die Bibel, um meine eigenen Gedanken zu beweisen?" Das ist etwas anderes, als wenn ich frage: "Ist das, was ich predige, orthodox oder evangelikal?" Es ist auch nicht dasselbe wie: "Habe ich nur eine große Achtung vor der Bibel oder glaube ich, daß sie das unfehlbare Wort Gottes ist?" Diese Fragen mögen in anderen Zusammenhängen wichtig sein, aber für die

Beurteilung als bibelauslegender Prediger ist nur die erste der genannten Fragen ausschlaggebend. Das Studium der systematischen Theologie befähigt den Menschen nicht automatisch zum Auslegen der Bibel. Systematik kann uns zwar vor Fehlern schützen, die durch einseitige und aus dem Zusammenhang gerissene Interpretationen entstehen können. Aber sie kann auch blind und unsensibel machen für den Text. Der Interpret muß bereit sein, seine eigenen Überzeugungen und auch die Lehrmeinungen der angesehensten Theologen in Frage stellen zu lassen. Er muß sein persönliches Textverständnis revidieren, wenn dieses nicht der Absicht des biblischen Schreibens entspricht.

Diese Einstellung zur Bibel setzt Einfalt und Klugheit zugleich voraus. Auf der einen Seite nähert sich der Exeget[1] der Bibel wie ein Kind einer Geschichte, die es wieder hören möchte. Er liest sie nicht, um über den Inhalt zu streiten, ihn zu überprüfen oder eine Predigt daraus zu machen, sondern er liest sie, um zu verstehen und zu erleben, was er verstanden hat. Gleichzeitig ist er sich bewußt, kein Kind mehr zu sein. Als Erwachsener ist er gefangen in seinem eigenen Verständnis und seiner Sicht der Dinge, die ein neutrales Verstehen des Textes erschweren. Die Bibel ist kein Kinderbuch. Sie ist bedeutende Literatur, die eine ernsthafte und durchdachte Stellungnahme erfordert. All ihre Diamanten liegen nicht deutlich sichtbar an der Oberfläche, um wie Blumen gepflückt zu werden. Ihr Reichtum kann nur durch fleißiges geistiges und geistliches Graben zu Tage gebracht werden.

Der Prediger vermittelt eine biblische Vorstellung.

In der vergangenen Zeit wurden einige konservative Prediger durch ihre strenge Auffassung von Inspiration und ihr mangelhaftes Verständnis der Wirkung von Sprache in die Irre geleitet. Orthodoxe Theologen bestehen darauf, daß der Heilige Geist jedes einzelne Wort des Originaltextes bewahrt. Sie argumentieren, daß aus Worten bestimmte Vorstellungen gebildet werden, die nur frei von Irrtümern sein können, wenn schon die Worte von Gott inspiriert sind. Obwohl diese

---

[1] Exeget = Ausleger

Auffassung wichtig für die Basis eines evangelikalen Schriftverständnisses ist, wirkt es sich dennoch manchmal einengend auf das bibelauslegende Predigen aus. Obwohl der Prediger die Worte des Textes untersucht und manchmal in der Predigt selbst einige Worte behandelt, sollen Wörter und Redensarten nie Selbstzweck werden. Worte sind eigentlich sinnlos in sich selbst, bis sie zusammengefügt eine Bedeutung weitergeben. Das Wesentliche ist aber immer, das herauszufinden, was der biblische Autor mit dem Gebrauch des Wortes ausdrücken wollte. Wenn wir nur die einzelnen Wörter analysieren und dabei stehenbleiben, können wir nicht die Aussage des ganzen Satzes oder Abschnittes verstehen. Eine Wort-für-Wort-Analyse kann so langweilig und bedeutungslos sein wie das Lesen eines Wörterbuches. Wenn ein Prediger das Ziel hat, die Bibel zu verstehen und die Botschaft daraus vermitteln will, muß er mit den Gedanken arbeiten, die hinter dem Text stehen.

Francis Schaeffer betont in seinem Buch "Geistliches Leben - was ist das?", daß der Mensch die heftigsten Kämpfe im Bereich seiner Gedanken auszufechten hat: "Ideen bilden den Grundstock der Gedankenwelt, aus ihnen geht die Außenwelt hervor: Malerei, Musik, Architektur, Liebe und Haß als Handlungen und auch unsere handelnde Liebe zu Gott oder unsere Rebellion gegen ihn. Wo der Mensch seine Ewigkeit zubringen wird, hängt davon ab, ob er die Ideen, die angebotene Wahrheit, die Fakten des Evangeliums liest oder hört... entweder glaubt er Gott auf der Grundlage des Evangeliums oder er nennt Gott einen Lügner.... Das Predigen des Evangeliums hat mit Ideen zu tun, flammenden Ideen für uns Menschen, die Gott uns in der Schrift offenbart. Es hat nichts damit zu tun, bedeutungslose Erfahrungen weiterzugeben, die man innerlich verspürt hat, sondern es handelt sich um die Weitergabe von bedeutungsvollen Ideen, die unser Inneres beeinflussen. Wenn wir also unsere Lehrmeinungen aufstellen, muß es sich dabei um Ideen handeln und nicht um abgedroschene Phrasen. Wir können Lehrsätze nicht mechanisch wie die Teile eines Puzzles behandeln. Ein wahrer Lehrsatz ist immer eine Idee, die Gott uns in der Bibel offenbart hat und die gleichermaßen mit der realen Welt zu tun hat. Diese Idee wurde gebildet für den Menschen, so wie er ist, und wie Gott ihn geschaffen hat. Sie kann in die Gedankenwelt zurückgetragen werden und dort unsere Gedanken beeinflussen. Der Kampf des Menschen findet hauptsächlich im Bereich seiner Gedanken statt."

Der biblische Grundgedanke wird aus dem Text gewonnen.
Auch wenn der Schwerpunkt einer bibelauslegenden Predigt auf dem gedanklichen Inhalt liegt, dürfen Grammatik und Wortwahl in der Analyse nicht vernachlässigt werden. Die Definition sagt, daß die Vorstellung "durch historische, grammatikalische und literarische Analyse des Bibeltextes" erst entdeckt wird. Darunter versteht man, wie der Prediger zu seiner Botschaft findet und wie er sie dann vermitteln kann. Das beeinhaltet eine Überprüfung der Grammatik, der geschichtlichen Zusammenhänge und der literarischen Formen. Der Ausleger versucht dabei, möglichst objektiv die Bedeutung des Textes zu erfassen. Er teilt seinen Zuhörern in der Predigt dann soviel davon mit, daß diese die Interpretation selbst prüfen können.

Die Autorität einer Predigt ergibt sich nicht durch die Person des Predigers, sondern durch den Bibeltext. Eine bibelauslegende Predigt muß sich deshalb so ausgiebig mit der Erklärung des Textes befassen, damit die Aufmerksamkeit der Zuhörer auf die Bibel gelenkt wird.

Aber auch wenn ein Ausleger große Fähigkeiten in der Analyse besitzt und sich sorgfältig vorbereitet hat, heißt das noch lange nicht, daß er wie ein protestantischer Papst ex cathedra, d.h. mit absoluter Unfehlbarkeit, sprechen darf. Genau wie der Henry David Thoreau schrieb: "Zwei sind nötig, um die Wahrheit zu sprechen - der eine zum Sprechen, der andere zum Hören." Keine lebenswichtige Wahrheit wird ohne Kampf angenommen werden. So, wenn eine Gemeinde wächst, muß sie an diesem Kampf Anteil haben. "Um berühmte Dichter zu haben, bedarf es einer großen Zuhörerschaft", meinte Walt Whitman. Wirkungsvolle, lebendige Predigten setzen Zuhörer voraus, die gut zuhören können. Weil ihr Heil davon abhängig ist, hat der Prediger die Pflicht, den Zuhörern soviel Informationen zu vermitteln, daß sie entscheiden können, ob das, was sie hören, wirklich der Aussage der Bibel entspricht.

Wenn es die Aufgabe der Zuhörer ist, den Prediger zu verstehen, so ist die Aufgabe des Predigers, die Schreiber der Bibel zu verstehen. "Kommunikation" ist "ein Zusammentreffen von Meinungen". Damit gegenseitiges Verstehen möglich wird, müssen die Sachverhalte für die Empfänger der Mitteilung verständlich gemacht werden. Dabei muß ihre Kultur, ihre Sprache und ihr Vorverständnis berücksichtigt werden. Ein Ausleger muß sich aber zunächst in den Autor des biblischen Textes hineinversetzen. Wenn er auch nicht ein Meister in all den Sprachen, Geschichte und literarischen Formen sein muß, so sollte ein Bibelausleger doch Kenntnisse in all diesen Disziplinen besitzen. Es sollte ihm bewußt werden, wie groß die Auswahl ist, die er an auslegenden Hilfen für sein Studium zur Verfügung hat. So viel wie möglich sucht der Prediger mit den Schreibern und ihren Gedanken, bezogen auf den Bibeltext, bekannt zu werden.

Die biblische Vorstellung richtet sich zuerst an den Prediger selbst. Dies ist eine weitere Aussage unserer Definition. "Das Handeln Gottes am Prediger wird nun zum Mittelpunkt des Prozesses". Der Prediger als Person kann nicht vom Inhalt der Botschaft getrennt werden, so gerne wir das auch hätten. Wer kennt nicht solche Gebete vor einer Predigt: "Verbirg unseren Pastor hinter deinem Kreuz, sodaß wir ihn nicht sehen, sondern dich, Jesus, allein!" Wir loben den Geist solcher Gebete. Alle Zuhörer, Männer wie Frauen, müssen durch den Prediger zu Jesus gelangen (oder gelangt vielleicht auch umgekehrt, Jesus durch den Prediger zu den Leuten?) Dennoch gibt es keinen Platz, an dem sich der Prediger verstecken könnte. Selbst ein noch so großes Predigtpult kann ihn nicht vor den Blicken seines Publikums verbergen.

Phillips Brooks umschreibt das Predigen treffend mit "die Wahrheit durch die Persönlichkeit schleusen." Jeder Prediger prägt seine Botschaft. Mag sein, daß er eine biblische Botschaft auf den Lippen hat, die aber trotzdem unpersönlicher als ein Telefonanrufbeantworter, oberflächlicher als eine Werbesendung oder geschickter als ein Betrug weitergegeben wird. Schließlich hört die Versammlung keine Predigt, sondern eine Person.

Bischof Willigem A. Quayle widerlegte in diesem Zusammenhang die übliche Definition von Predigen indem er fragte: "Soll Predigen nur die Ausarbeitung und das Vortragen einer Predigt sein? Da irren Sie sich! Predigen sollte das "Ausarbeiten" des Predigers sein und das soll den Hörern vermittelt werden!" Lebendiges bibelauslegendes Predigen sollte aus dem Prediger selbst einen reifen Christen machen. Während er die Bibel studiert, erforscht ihn der Heilige Geist, und bei der Ausarbeitung der Predigt arbeitet Gott an ihm. "Die Bibel ist der beste Prediger jedes Predigers" (P. T. Forsyth).

Wir sollten keinen Unterschied machen, ob wir nun die Bibel lesen, um daraus eine Predigt zu entwickeln oder um persönlichen Gewinn zu bekommen. Als Theologe kann es einem noch passieren, daß man die Bibel nur als Beispiel für hebräische Poesie betrachtet oder um die Namen und Regierungszeiten von Königen des Alten Testaments zu erfahren, ohne mit der eigentlichen Wahrheit in Berührung zu kommen. So etwas darf aber nicht geschehen, wenn man die Bibel als Wort Gottes sieht. Bevor ein Prediger eine biblische Botschaft weitergibt, sollte er diese auf sich selbst beziehen und mit ihr leben.

Leider versagen viele Prediger zuerst in ihrem Christenleben, bevor sie als Prediger versagen, weil sie nicht biblisch denken. Eine große Zahl von ihnen bereitet ihre Predigt vor, ohne dabei in die Bibel zu schauen, obwohl viele von ihnen oft eine hohe Meinung von diesem Buch haben. Der Bibeltext wird - wenn überhaupt - als Appetitanreger zu Beginn der Predigt oder als Garnierung, um die Botschaft auszuschmücken, serviert, aber das "Hauptgericht" der Predigt besteht aus den eigenen Gedanken des Predigers oder anderer Menschen, und wird zu diesem Zweck aufgewärmt.

Auch in einer bibelorientierten Predigt können Bibelverse mißbraucht werden, um nur die eigene Meinung zu unterstützen. Ein bewährtes Rezept aus populären "Predigtkochbüchern" liest sich wie folgt: "Man nehme einige allgemeine theologische oder moralische Lehrsätze, mische sie zu gleichen Teilen mit 'Hingabe', 'Verkündigung' und 'Dienerschaft', füge ab und zu 'Königreich' oder 'Die Bibel sagt' hinzu, rühre einige Geschichten unter und würze das Ganze mit einer Prise 'Erlösung'. Dies serviere man heiß auf einer mit Bibelversen dekorierten Platte." Nicht nur die Zuhörer bleiben bei so einer Predigt hungrig und auch der Prediger selbst wird dabei verhungern. Er wird nicht wachsen, weil er dem Heiligen Geist keinen Raum läßt.

William Barclay diagnostizierte die Ursache der geistigen Mangelernährung: "Je mehr der Prediger seinem Verstand erlaubt, träge, nachlässig und schlaff zu werden, je weniger kann der Heilige Geist ihm etwas sagen. Eine gesegnete Predigt gelingt nur, wenn ein liebevolles Herz und ein disziplinierter Verstand dem Heiligen Geist zur Verfügung gestellt werden." Letztlich ist Gott mehr am persönlichen Reifungsprozeß des Predigers interessiert als an der Übermittlung der Botschaft, und da der Heilige Geist den Menschen hauptsächlich durch die Bibel begegnet, muß ein Prediger zuerst lernen auf Gott zu hören, bevor er für Gott redet.

Die biblische Vorstellung wendet sich an die Zuhörer.
Der Heilige Geist wendet seine Wahrheit nicht nur für die Persönlichkeit und die Erfahrung des Predigers an, sondern wie unsere Definition weiter aussagt, wendet er dann dieselbe Wahrheit durch den Prediger bei seinen Zuhörern an. Somit hat es der Prediger mit drei Arbeitsbereichen zu tun: Als Ausleger versucht er, die Aussagen der biblischen Autoren zu erfassen, als "Gottesmann" ringt er mit dem Handeln Gottes an sich selbst, und als "Prediger" denkt er darüber nach, was Gott seiner Gemeinde sagen will.

Dabei ist die Anwendbarkeit, die Übertragbarkeit des Gesagten ins alltägliche Leben der Gemeindeglieder die Hauptaufgabe einer lebensnahen, bibelorientierten Predigt. Wie ein Hirte geht der Pastor ein auf die Schmerzen, Ängste, Schreie seiner Schafe. Er studiert die Bibel und versucht herauszufinden, was sie sagt zu Kummer und Schuld, Zweifel und Tod. Auch Paulus erinnert Timotheus daran, daß uns die Bibel gegeben wurde, damit sie Einfluß auf unser Leben hat: "Denn alle Schrift, von Gott eingegeben, ist nütze zur Lehre, zur Zurechtweisung, zur Besserung, zur Erziehung in der Gerechtigkeit, daß der Mensch Gottes vollkommen sei, zu allem guten Werk geschickt" (2 Tim. 3, 16-17).

Langweiligen Predigten fehlen meistens die kreativen Anwendungsvorschläge. Diese Predigten rufen zwei Hauptreaktionen hervor. Zum einen murmeln die Zuhörer: "Immer dieselben Sprüche." Das ist dann der Fall, wenn der Prediger zu jedem biblischen Abschnitt stets auch dieselben Beispiele bringt oder was noch schlimmer ist überhaupt keine. "Möge der Heilige Geist die Wahrheit in euer Leben bringen", hören wir so manchen Redner die Zuhörer beschwören, wenn er keine Ahnung davon hat, wie seine Predigt Menschen beeinflussen könnte. Eine zweite negative Reaktion auf eine Predigt besteht darin, daß der Inhalt nicht direkt genug auf das alltägliche Leben bezogen wurde: "Es stimmt schon, was der Pastor sagt, aber was soll's? Das hilft mir auch nicht weiter." Wenn sich jemand entschließt, sich der Heiligen Schrift unterzuordnen, geschieht das dann auch meist außerhalb des Kirchengebäudes. Im normalen Leben verlieren Menschen ihre Jobs, sorgen sich um ihre Kinder und müssen sich mit vielen kleinen Ärgernissen herumschlagen. Was sie von Jebusitern, Kanaanitern, Perisitern gehört haben oder was Abraham, Paulus oder Moses gesagt und getan haben, raubt ihnen nur selten den Schlaf. Sie liegen wach, weil sie sich Sorgen machen um Lebensmittelpreise, Mißernten, Liebeskummer, bösartige Krankheiten, Eheprobleme, oder die Skrupellosigkeit am Arbeitsplatz. Sie fragen sich, was eine Predigt überhaupt soll, wenn sie dazu nichts zu sagen hat.

Deshalb sollte ein Prediger nicht von gestern sondern von heute sprechen. Ein guter Prediger konfrontiert die Zuhörer samt ihren Problemen mit den Aussagen der Bibel, anstatt ihnen einen Vortrag über Geschichte und Archäologie zu halten. Die Zuhörer sind als Jury versammelt, um über sich selbst zu urteilen, nicht über Judas, Petrus oder Salomo. Der Prediger muß seine Zuhörer genausogut kennen wie seine Botschaft. Dazu muß er sowohl die Schrift, als auch seine Gemeindeglieder erforschen. Wenn Gott redet, spricht er Menschen da an, wo sie gerade stehen. Stellen sie sich vor, der Korintherbrief wäre durch die Post fehlgeleitet worden und in Philippi gelandet. Die Philipper hätten sich wahrscheinlich den Kopf zerbrochen über die Probleme in Korinth, von denen Paulus schrieb, weil sie in einer anderen Situation lebten als ihre Brüder und Schwestern dort. Die Briefe des Neuen

Testaments wie auch die Prophezeiungen des Alten Testaments waren jeweils an ganz bestimmte Zuhörer gerichtet, die mit ihren speziellen Problemen kämpften. Eine Predigt wird so lange unwirksam bleiben, bis der Prediger merkt, daß er ganz bestimmte Zuhörer hat, die inhaltlich etwas brauchen, das auf ihre Situation zugeschnitten ist.

Diese Art von Predigt wirft natürlich theologische und ethische Fragen auf. Es ist eine anstrengende Reise durch oft seltsame Fragestellungen, bis man von der Auslegung zur Anwendung gelangt. Ergänzend zu den direkten Textaussagen müssen auch persönliche Verhältnisse und Lebensumstände der biblischen Personen erklärt werden. Welche Beziehungen haben die Personen des Textes zueinander? Welche Beziehungen haben sie zu Gott? Welche Wertvorstellungen liegen den Entscheidungen zugrunde, die sie treffen? Was ging in denen vor, die daran beteiligt waren? Diese Fragen beziehen sich nicht nur auf die frühere Zeit, als ob Gott nur in der Vergangenheit mit Menschen gehandelt hätte. Dieselben Fragen können wir heute stellen, an uns selbst und die Zuhörer. Welche Beziehungen haben wir zueinander? Was sagt Gott zu uns durch die Probleme der Menschen in der Bibel? Ist die Welt von heute die gleiche oder eine ganz andere als die der Bibel? Sind die Fragestellungen und Probleme von damals auch die von heute? Werden sie heute genauso gestellt oder anders? Diese Reflexionen sind das Rohmaterial für biblische Ethik und Theologie. Oberflächliche Anwendungen, die einfach an Predigten angehängt werden, um sie lebensnahe zu machen, gehen an den dringenden Fragen vorbei. Schon die protestantischen Vorfahren sagten: "Lehrsätze müssen praktisch gepredigt werden und Pflichten lehrmäßig."

Unpassende Anwendungen können genauso destruktiv wirken wie eine schlechte Auslegung. Als der Teufel den Herrn Jesus in der Wüste versuchte, wollte er siegen, indem er einfach die Schrift verdrehte. Er zitierte Psalm 91 mit bewundernswerter Präzision: "Denn er hat seinen Engeln befohlen, daß sie dich behüten auf allen deinen Wegen, daß sie dich auf den Händen tragen und du deinen Fuß nicht an einen Stein stoßest." (Ps.91,11-12). Aber dann folgerte Satan: "Warum wendest du diese starke Verheißung nicht an, um dich vom Dach des Tempels zu stürzen und ein für allemal zu beweisen, daß du der Sohn Gottes bist?"

Um dem Teufel zu entgegnen, diskutierte Jesus nicht über die Grammatik des hebräischen Textes. Stattdessen attackierte er die falsche Anwendung von Psalm 91 und zitierte eine andere Stelle aus der Schrift, die besser zur Situation paßte: "Du sollst den Herrn, deinen Gott, nicht versuchen."

Wir müssen in eine Welt hineinsprechen, die auch von Schriftstellern, Journalisten und Dramaturgen angesprochen wird. Wenn wir das nicht beachten, werden unsere Zuhörer zwar orthodox in ihrem Kopf, aber ketzerisch in ihrem Verhalten. Gewiß dürfen wir in eine weltliche Welt nicht ein weltliches Wort predigen. Aber biblische Aussagen müssen mit menschlichen Erfahrungen in Verbindung gebracht werden, Menschen müssen aufgerufen werden, sich von biblischen Wahrheiten prägen zu lassen. Die sogenannte "aktuelle Predigt" bleibt solange oberflächlich, bis die aktuellen Fragen mit dem ewigen Wort Gottes in Verbindung gebracht werden.

F. B. Meyer erklärt die Scheu, mit der viele biblisch-orientierte Prediger die Themen der Zeit aufgreifen, so: "Der Prediger, der so predigt, setzt die Reihe so bedeutsamer Exegeten wie der Reformatoren oder der Puritaner fort. Sie alle verbreiteten nicht ihre eigene Meinung, die ja eine Frage der eigenen Interpretation und abhängig von zweifelhaften Stimmungen wäre. Aber weil sie ihre Aussage aus der Heiligen Schrift nahmen, konnten sie ihre Botschaft mit so großer Wirkung und den Worten 'So spricht der Herr' an die Menschen bringen."

---

* **Worum ging es im vergangenen Kapitel?**

Bibelauslegendes Predigen

* **Definitionen**

Eine bibelauslegende Predigt will eine biblische Botschaft vermitteln.

Die Botschaft wird durch historische, sprachliche und literarische Analyse einem Bibeltext entnommen, und durch den Heiligen Geist zunächst dem Prediger selbst und dann den Zuhörern nahe gebracht.

Der zentrale Predigtgedanke

Ich mag keine Opern, aber leider gehen einige Freunde von mir gerne dorthin. Sie geben mir oft das Gefühl, ein Kulturbanause zu sein und ich habe schon einiges unternommen, um diese Einstellung zu ändern. Hin und wieder habe ich eine Oper besucht. Wie ein Sünder, der sich gezwungen fühlt, zur Kirche zu gehen, machte ich mich auf den Weg zur Konzerthalle, um mich kulturell bilden zu lassen. Aber meistens kam ich gleichgültig zurück, weil ich nicht verstand, was die Künstler ausdrücken wollten.

So viel verstehe ich gewiß von Opern, daß da eine Handlung abläuft, die nicht gesprochen, sondern gesungen wird. Meistens bleibt mir diese Handlung so unklar wie italienische Lyrik, aber Opernfans sagten mir, daß sie sowieso nebensächlich sei. Wenn ich eine Oper beurteilen sollte, würde ich wahrscheinlich die wunderbaren Arien, die herrlichen Kostüme oder den brillanten Sopran rühmen. Aber ich könnte nichts zur musikalischen Interpretation oder zur Dramaturgie sagen. Ich komme aus der Konzerthalle mit einem zerknitterten Programmheft und einer Reihe von zufälligen Eindrücken zurück und weiß wirklich nicht, wie ich das beurteilen sollte, was da stattgefunden hat.

Vielen Leuten geht es in der Gemeinde ähnlich. Niemand hat ihnen jemals erklärt, was eine Predigt eigentlich bewirken soll. Normalerweise reagieren sie auf emotionale Höhepunkte, genießen die menschlich interessanten Anekdoten, merken sich ein oder zwei einprägsame Sätze und finden die Predigt dann gelungen, wenn der Prediger in der Zeit bleibt. Wesentliche Dinge, wie z. B. das Thema der Predigt, können ihnen vollkommen entgangen sein. Wenn sie dann nach Hause kommen, geht es ihnen wie jenem Mann, der von seiner Familie gefragt wird, worüber der Prediger gepredigt habe, und er antwortet: "Über Sünde." Als dann nachgefragt wird, was denn über Sünde gesagt worden sei, meint er: "Ich glaube, er war dagegen."

Es ist eine Realität, daß die meisten Zuhörer über die Predigt des letzten Sonntags kaum mehr erzählen könnten als jener Mann. Für sie redet der Pastor immer über Sünde, Erlösung, Gebet, Leiden oder alles zusammen - 35 Minuten lang. Wenn man dann die Reaktionen der

Hörer über die Predigt beurteilen soll, ist es schwer zu glauben, daß sie tatsächlich einer Predigt zugehört haben. Stattdessen zeigen ihre Antworten, daß sie die Predigt mit einem Korb voller Brocken aber ohne ein Verständnis für das Ganze verlassen haben.

Leider orientieren sich viele Predigtanfänger nur an solchen Vorbildern. Eine Predigt ist für sie eine Aneinanderreihung von Einzel--Punkten, die wenig miteinander zu tun haben. Hilfen zur Gliederung, die meistens nur die äußere Form einer Predigt diskutieren, verstärken diese Tendenz noch. Eine gute Gliederung, so wichtig sie auch ist, darf aber das Wesentliche nicht aus dem Auge verlieren. Eine Gliederung sollte der rote Faden für eine Predigt sein und jeder Teil muß sich direkt auf das Gesamtthema beziehen. Drei oder vier Punkte, die nicht Bezug haben zum Gesamtthema, ergeben keine Predigt, sie sind vielmehr drei oder vier "Kleine Predigten" zur selben Zeit gepredigt. Reuel L. Howe untersuchte eine Vielzahl von Predigtkassetten, besprach ihren Inhalt mit Laien und kam zu dem Schluß, gewöhnliche Gemeindebesucher "beklagten einmütig, daß die Predigten zu viele Gedanken enthielten." Diese Beobachtung erscheint mir zu ungenau. Predigten scheitern nicht daran, daß sie zu viele Gedanken enthalten, sondern weil diese Gedanken mangelhaft miteinander verknüpft sind.

Solche zerrissenen Predigten sind eine große Gefahr vor allem für die Prediger, die bibelorientiert arbeiten wollen. Häufig werden nur Kommentare zu einzelnen Worten oder Sätzen eines Abschnitts gegeben, aber nicht daran gedacht, diese Bruchstücke zu einem Ganzen zusammenzufügen. Die Predigt sieht dann oft so aus: Am Anfang steht eine alltägliche Geschichte aus dem normalen Leben - oder auch gar keine Einleitung -, dann folgen mit gleicher Betonung Bemerkungen zu Worten und Sätzen des Bibelabschnitts und den Abschluß bildet, wenn überhaupt, eine verschwommene Ermutigung zur Anwendung, weil der Prediger meist auch für sich selbst keine Anwendung gefunden hat. Die Zuhörer gehen in ihren Alltag zurück, ohne daß sie eine Botschaft erreicht hat, nach der sie ihr Leben ausrichten können, weil eine solche Botschaft vom Prediger selbst nicht vorbereitet war.

Unsere Definition sagt deshalb, daß es bei der bibelauslegenden Predigt um die Vermittlung einer biblischen Vorstellung geht. Eine

Predigt sollte wie eine Kugel sein, nicht wie Schrotkörner. Im Idealfall beinhaltet sie die Erläuterung, Interpretation oder Anwendung einer einzigen dominanten Aussage, die von anderen Aussagen unterstützt, sich aber alles in allem auf eine oder mehrere Schriftstellen bezieht.

1. Die Bedeutung eines einzigen, zentralen Gedankens

Seit Jahrhunderten betonen Rhetoriker[1], daß eine wirkungsvolle Rede nur ein einziges Thema beinhalten darf. Rhetoriker sind in diesem Punkt so einig, daß fast jedes Buch über Rhetorik dieses Prinzip enthält. Darin ist von Zentralgedanke, Lehrsatz, Thema, These oder Hauptgedanke die Rede. Es werden zwar unterschiedliche Worte benutzt, die jedoch eine gemeinsame Aussage haben: Eine wirkungsvolle Rede *"konzentriert sich auf eine wesentliche Sache, auf eine Grundidee."*[2] In vielen Rhetorik Lehrbüchern wird dies mittlerweile als selbstverständlich vorausgesetzt: *"Über die Wichtigkeit eines zentralen Themas muß an dieser Stelle wohl kaum etwas gesagt werden. Es wird vorausgesetzt, daß die Rede eine klar umrissene und deutliche These oder Absicht besitzt, daß sie frei ist von störenden Nebengedanken und daß diese These in der Rede einfach und fehlerlos entfaltet wird"*[3].

Auch andere Prediger heben hervor, daß eine Predigt wie jede andere gute Rede nur eine einzige, umfassende Aussage enthalten soll: "... *jede einzelne Predigt sollte nur einen zentralen Gedanken haben. Die Punkte und Unterpunkte sollten Teile dieses großen Gedankens sein. Geradeso, wie bei einer speziellen Speise alle Teilchen ein Teil vom Ganzen sind und so geschnitten werden, daß sie schmackhaft und*

---

[1] Rhetorik = Redekunst

[2] William Norwood Brigance; "Speech: Its Techniques and Disciplines in a free Society", Seite 35.

[3] Lester Thonssen / A. Craig Baird: "Speech Criticism: The Development of Standards for Rhetorical Appraisal", Seite 393.

verdaulich sind, so sollten die Punkte einer Predigt kleinere Abschnitte des einen Themas sein, eingeteilt in Unterpunkte, die der Verstand erfassen kann und die ins Leben aufgenommen werden können ....
Wir können jetzt in einfachen Worten das Wesentliche dieses Kapitels beschreiben: 'Jede Predigt sollte nur ein einziges Thema haben. Dieses Thema sollte die Hauptaussage des Bibeltextes sein, welcher der Predigt zugrunde liegt'"[1].

Aus einer anderen Sicht fügt Alan M. Stibbs hinzu: *"Der Prediger muß seine Textbearbeitung in Beziehung mit seinem Zentralgedanken weiterentwickeln."*[2] H. Grady Davis schreibt in seinem Buch "Design for Preaching", daß *"eine gut ausgearbeitete Predigt die Verkörperung, Ausgestaltung und umfassende Darlegung eines einzigen, wesentlichen Gedankens ist."*

Eine klassische Erklärung gibt Jowett ab: *"Ich bin davon überzeugt, daß keine Predigt erst wirklich fertig ist, um vorgetragen oder niedergeschrieben zu werden, wenn wir das Thema nicht kurz und prägnant, so klar wie ein Kristall, in einem Satz ausdrücken können. Die Formulierung dieses Satzes ist der schwierigste, genaueste und fruchtbarste Teil meiner Arbeit. Sich zu zwingen, diesen Satz zu gestalten, dabei jedes Wort zu verwerfen, das unklar, holprig oder zweideutig ist, Ausdrücke zu durchdenken, die vielleicht klarer, durchsichtiger und exakter sind, das ist der lebendigste und wichtigste Teil bei der Ausarbeitung einer Predigt. Bevor nicht dieser Satz steht, sollte keine Predigt gehalten oder niedergeschrieben werden."*[3]

Wenn wir dieses Prinzip ignorieren, daß ein zentraler, vereinigender Gedanke das Herz einer wirkungsvollen Predigt sein muß, stoßen wir die Einsichten und Ratschläge der Predigtlehrer beiseite.

---

[1] Donald G. Miller: "The Way to Biblical Preaching" Seiten 53 und 55. Hervorhebung durch Miller.

[2] A.M. Stibbs: "Expounding God's Word: Some Principles and Methods" Seite 40.

[3] J.H. Jowett: "The Preacher: His Life and Work" Seite 133.

Ein Anfänger empfindet dieses Beharren auf einem zentralen Gedanken vielleicht als Schikane von Lehrern, die es darauf abgesehen haben, junge Prediger in ein Schema zu pressen. Aber auch die Bibel hat viele Beispiele dafür. Die Predigten der Propheten im Alten Testament werden als "die Last des Herrn" bezeichnet. Diese Ansprachen enthielten nicht nur einige "passende Bemerkungen" um irgendetwas zu sagen. Der Prophet erhob seine Stimme, weil er seinen Landsleuten etwas Wichtiges zu sagen hatte. Seine Botschaft war wie aus einem Guß, damit die Zuhörer von der Notwendigkeit überzeugt wurden, zu Gott umzukehren. Diese Predigten besaßen Format und Wirkung. Jede umfaßte ein einziges Thema, das an ganz spezielle Zuhörer gerichtet war, um eine bestimmte Reaktion hervorzurufen.

Im Neuen Testament sind uns durch Lukas in der Apostelgeschichte Predigten überliefert, die es der jungen Gemeinde ermöglichten, die Welt zu durchdringen. Die Predigten der Apostel waren ohne Ausnahmen Proklamationen einer einzigen Grundidee. Die Schlußfolgerungen von Donald R. Sunukjian über das Predigen des Paulus könnte gleichermaßen für alle Predigten der Prediger in der Apostelgeschichte angewendet werden: *"Alle Botschaften von Paulus waren auf einen einzigen Gedanken zentriert. Jede Rede gipfelte in einem einzigen Satz, der die ganzen Ausführungen zusammenfaßte. Der gesamte Inhalt in diesen Predigten diente entweder dazu, zu dem einzigen zusammenhängenden Thema hinzuführen, es zu entwickeln oder die Predigt ging davon aus."*[1]

Der zentrale Gedanke stand dabei an verschiedenen Stellen der Predigt. In Apostelgeschichte 2 wird berichtet, daß Petrus vor feindseligen Zuhörern stand. Um ihre Aufmerksamkeit zu gewinnen, hielt er eine induktive[2] Predigt. Die zentrale Aussage stand am Schluß: "So wisse nun das ganze Haus Israel gewiß, daß Gott diesen Jesus, den ihr

[1] D.R. Sunukjian: "Patterns for Preaching: A Rhetorical Analysis of the Sermons of Paul in Acts 13, 17 and 20" Seite 176.

[2] Induktiv: "Vom Einzelnen (Einzelaussage) zum Gesamten (Gesamtaussage) führend".

gekreuzigt habt, zum Herrn und Christus gemacht hat" (Apg. 2, 36). An anderer Stelle in Apostelgeschichte 13 benutzte Paulus eine deduktive[1] Form. Der zentrale Gedanke stand am Anfang der Predigt, die weiteren Ausführungen unterstützten diesen Gedanken und schmückten ihn aus. "Aus dessen Geschlecht hat Gott, wie er verheißen hat, kommen lassen Jesus, dem Volk Israel zum Heil" (Apg. 13, 23). Als der Apostel zu den Ältesten von Ephesus sprach, wie es uns in Apostelgeschichte 20 berichtet wird, war seine Ansprache induktiv und deduktiv zugleich. Paulus erzählte zunächst aus seinem eigenen Leben, wie er sich um die Gemeinde sorgte. Dann warnte er: "So habt nun acht auf euch selbst und auf die ganze Herde, unter welche euch der Heilige Geist gesetzt hat zu Bischöfen, zu weiden die Gemeinde Gottes, welche er durch sein eigen Blut erworben hat" (Apg. 20, 28). Danach fuhr er fort, diesen Gedanken zu erklären und auf die Männer anzuwenden, die vor ihm saßen. Nicht induktive oder deduktive Methode ist also das Entscheidende, sondern der zentrale Gedanke, der in einer Predigt deutlich herauskommen sollte.

Wenn wir wirksam predigen wollen, müssen wir wissen, wovon wir reden. Predigten, die biblische Gedanken hervorheben wollen, müssen deshalb in eine übergeordnete Ganzheit münden. Die Aufgabe des Predigers ist es, Gottes Gedanken nachzudenken und den Zuhörern so zu übermitteln, daß sie diese anwenden können. In Abhängigkeit vom Heiligen Geist will er Menschen durch seine Predigt konfrontieren, überzeugen, überführen und trösten. Er weiß, daß Menschen ihr Leben formen lassen und daß sie ihr ewiges Schicksal festlegen, indem sie auf Predigtgedanken reagieren.

2. Definition des zentralen Gedankens (Grundidee)

Was meinen wir, wenn wir von "Grundidee" sprechen? Ein Blick ins Wörterbuch zeigt, daß dieses Wort nicht einfach zu definieren ist. Philosophie, Linguistik und Grammatik müßten bei einer umfassenden Definition herangezogen werden. Nach Meyer's Lexikon begreift

[1] Deduktiv: "Ableitung des Besonderen vom Allgemeinen".

Augustin Ideen als unveränderliche, der Schöpfung vorausgehende Gedanken Gottes. Für Descartes, Leibniz, Locke u. a. sind Ideen Vorstellungen und Bewußtseinsinhalte; Kant definiert die Idee als Begriff, der von der Vernunft gebildet, die Erfahrung übersteigt; Rationalismus und Empirismus beschränken den Begriff auf "Namen für menschliche Allgemeinvorstellungen".

Das Wort "Idee" stammt ab vom griechischen Wort "*eido*" und bedeutet "sehen, verstehen". Eine Idee erlaubt es uns, etwas zu sehen, was vorher unklar war. Im Alltag, wenn eine Erklärung uns zu neuen Einsichten verhilft, rufen wir aus: "Jetzt verstehe ich, was du meinst." In engem Zusammenhang mit dem Wort "Idee" steht das Substantiv "Begriff". "Begriff" hat mit dem Verb "begreifen" zu tun. Man begreift z.B. einen Ball, indem man mit den Augen seine Farben und Formen wahrnimmt und mit den Händen seine Oberfläche betastet. All diese Wahrnehmungen fügt man zu einem Ganzen, dem "Begriff" Ball zusammen.

Die Fähigkeit zum Abstrahieren und Synthetisieren, d. h. in Ideen zu denken, nimmt im Lauf der normalen menschlichen Entwicklung zu. Kleine Kinder denken noch in Einzelheiten. Ein Kind, das vor dem Frühstück betet, dankt Gott für die Milch, die Semmel, die Butter, die Marmelade etc. Ein Erwachsener kann das alles in einem Wort wie "Essen" zusammenfassen. Eine Idee kann daher wie eine Destillation des Lebens betrachtet werden. Durch Ideen werden Einzelheiten des Lebens geordnet und in Beziehung gesetzt und durch Ideen bekommen unsere vielen Erfahrungen einen Sinn.

Nicht alle Ideen sind gleich wichtig. Wir können gute und schlechte Ideen haben. Schlechte Ideen interpretieren Erfahrungen so, daß sie die Realität nicht richtig wiedergeben. Sie sehen Dinge im Leben, die gar nicht da sind. Wir übernehmen sie oft deswegen, weil sie nicht mit Klarheit ausgedrückt worden sind und deshalb nicht überprüfbar sind. Durch die Massenmedien werden wir mit solchen lächerlichen Begriffen absichtlich bombardiert, damit wir handeln, ohne nachzudenken. Ein Beispiel dafür liefert uns die Werbung für Zigaretten. Vor Jahren einmal war die Werbung für eine Zigarettenmarke "Marlboro" auf weltoffene, unabhängige Frauen ausgerichtet und erreichte damit einen

Marktanteil von weniger als ein Prozent. Es wurde eine Konsumentenbefragung durchgeführt, die ergab, daß Männer rauchen, weil sie sich dadurch männlicher fühlen. Frauen dagegen rauchen, weil sie meinen, dadurch ihre Attraktivität zu stärken. Die Werbefachleute zogen ihre Konsequenzen daraus, konzentrierten sich auf Männer und gaben der "Marlboro" ein männliches Image. Rauhe, lederbekleidete Cowboys, die Viehherden treiben und am Lagerfeuer Zigaretten rauchen, laden den Konsumenten zum selben Genuß ein.

Weil die Assoziation von Zigaretten mit Cowboys die Idee vermittelt, daß das Rauchen von "Marlboro" Männer männlicher macht, steigerte sich der Absatz um 100%. Diese Idee ist natürlich unsinnig. Mediziner warnen uns, daß das Traumland der Zigarette der Friedhof ist und daß die zigarettengenießenden Cowboys möglicherweise Krebs oder Lungenkrankheiten bekommen können. Aber eben weil diese falsche Idee "Rauchen macht männlich" nur angedeutet und unterschwellig vermittelt wird, ist der Absatz dieser Zigarettenmarke so hoch.

Das ist kein Einzelfall. William Bryan Key machte bei einer Rede über Werbung diese beunruhigende Aussage über die Grundidee der Werbefirmen: "Es sieht so aus, als ob keine wesentliche Weltanschauung oder Haltung auf der Basis von bewußt wahrgenommenen Fakten gegründet ist." Weil dies der Grundsatz jeder Werbung ist, müssen wir uns nicht wundern, daß Wahrheit und Werbung wenig miteinander zu tun haben.

Manchmal schwirren uns Ideen durch den Kopf, die nicht ganz greifbar sind. Wir sagen dann: "Ich weiß, was ich sagen will, aber mir fehlen die richtigen Worte." Ein Prediger muß trotz dieser Schwierigkeiten versuchen, Ideen in Worte zu fassen. Erst dann können Ideen begriffen, überprüft und vermittelt werden. Wenn ein Prediger nicht klar denken kann oder will, sodaß er nicht ausdrücken kann, was er meint, hat er nichts hinter dem Predigerpult zu suchen. Er wäre dann wie ein Sänger, der nicht singen kann oder wie ein Buchhalter, der nicht addieren kann.

3. Das Entstehen einer Grundidee

Um die Grundidee einer Predigt gewissenhaft exakt formulieren zu können, muß man wissen, welche Struktur sie hat. Eine Idee besteht aus nur zwei wesentlichen Elementen: einem Subjekt[1] und dessen Erläuterung. Beide sind notwendig, damit eine Grundidee vollständig ist. Um das Subjekt zu erfassen, fragen wir: "Was meine ich? Wovon spreche ich?" Der Ausdruck "Subjekt" wird hier im technischen Sinn verwendet. Das "Subjekt" der Homiletik[2] ist z. B. nicht dasselbe wie ein grammatikalisches Subjekt. Ein Subjekt in der Grammatik kann nur ein Wort sein, aber der Gegenstand einer Predigt ist immer mehr als ein Wort, eben deshalb, weil es eine präzise, vollständige Antwort auf die Frage: "Wovon spreche ich?" verlangt. Obwohl einige Wörter wie z. B. "Jüngerschaft, Zeugnis, Anbetung, Liebe, Leiden" etc. aussehen mögen wie ein Subjekt, sind sie aber doch zu vage, um ein vollständiges Thema einer Predigt zu sein.

Ein Subjekt kann nicht allein stehen. Die Erläuterung vervollständigt das Subjekt, indem gefragt wird: "Was sage ich über den Gegenstand meiner Rede?" Ein Subjekt ohne Erläuterung ist so leer wie ein Schlagwort. Erläuterungen ohne Subjekt sind wie Teile eines Autos, die nicht eingebaut werden. Eine Grundidee entsteht nur dann, wenn zu einem Subjekt eine Erläuterung hinzugefügt wird.

Nehmen wir z. B. das Subjekt "Test eines menschlichen Charakters". (Wenn man absolut präzise sein will, heißt der Gegenstand "Was ist ein Test eines menschlichen Charakters?"") Dieser Ausdruck muß erläutert werden, um Bedeutung zu bekommen. Für sich allein löst das Wort alle möglichen vagen Assoziationen aus, aber keine klare Idee bzw. Vorstellung. Eine Vielzahl von Erläuterungen können hinzugefügt werden, um eine Idee zu bilden:

a) Der Test eines menschlichen Charakters zeigt, wo die Grenzen eines Menschen liegen.

---

[1] Subjekt: Thema oder Gegenstand

[2] Homiletik: Predigtgestaltung

b) Der Test eines menschlichen Charakters zeigt an, was ein Mensch unternehmen würde, wenn er sicher sein könnte, daß niemand jemals erfahren würde, was er getan habe.
c) Der Test eines menschlichen Charakters ist wie der Test einer Eiche: man fragt, wie stark die Wurzeln sind.

Jede neue Erläuterung sagt mehr über den Gegenstand aus und ruft andere Vorstellungen hervor. Jede dieser Vorstellungen kann erklärt, geprüft und angewendet werden.

Als "Predigerlehrling" lernt man, nach den Grundideen zu suchen, wenn man Predigten liest oder selbst welche vorbereitet. Davis betont, daß ein Anfänger besonders achtgeben muß, wie seine Ideen geformt werden: *"Der Anfänger muß aufhören, sich in Details zu verlieren und mehr die Struktur einer Predigt studieren. Dabei muß er die einzelnen Sätze, Argumente, Zitate und Illustrationen vergessen, um das Ganze sehen zu können. Hartnäckig muß er fragen: 'Woran denkt der Prediger wirklich? Welche Grundgedanken äußert er?' Er muß unterscheiden lernen zwischen der Grundstruktur der Idee und ihrer Entfaltung. Es ist so, wie wenn man in der Anatomie mit dem Studium des Skeletts beginnt"*[1].

Das Subjekt und dessen Erläuterung soll von Exegeten nicht erst beim Ausarbeiten seiner Predigt entdeckt werden, sondern dies sollte schon beim Bibelstudium erarbeitet worden sein. Jeder Abschnitt der Bibel enthält eine Idee. Solange man diese nicht herausgefunden hat, kann man den Abschnitt nicht wirklich verstehen. Die beiden Fragen: "Worüber redet der Autor? " und "Was sagt er über den Gegenstand seiner Rede?" sind die fundamentalsten Fragen für einen Exegeten.

4. Beispiele für das Entstehen von Grundideen

In einigen Abschnitten der Bibel scheint es relativ leicht zu sein, den Gegenstand und seine Erläuterung zu entdecken, in anderen ist es

---

[1] "Design for Preaching" Seite 27

schwieriger. Psalm 117 ist ein Beispiel für eine unkomplizierte Grundidee:

"Lobet den Herrn, alle Heiden!
Preiset ihn, alle Völker!
Denn seine Gnade und Wahrheit
waltet über uns in Ewigkeit Hallelujah!

Wir verstehen den Psalm solange nicht, bis wir das Subjekt gefunden haben. Worüber redet der Psalmist? Das Subjekt seiner Rede ist nicht einfach "Anbetung", weil der Begriff zu unscharf und zu weit ist, denn der Psalmist sagt nicht alles über Anbetung. Das Subjekt ist auch nicht "Anbetung Gottes", denn auch das wäre noch zu weit gefaßt. Ein konkretes Subjekt ist: "Warum jeder den Herrn loben soll!" Was sagt der Psalmist darüber? Er bringt dazu eine Erläuterung. Der Herr soll gelobt werden, weil seine Gnade und Wahrheit bis in Ewigkeit über uns waltet. In diesem kurzen Psalm bringt der Psalmist nur eine einzige nackte Grundidee, ohne sie weiter zu entwickeln oder auszuführen. Trotzdem enthält sie einen Gegenstand und eine weitreichende Erläuterung.

Längere Abschnitte, in denen die Grundidee weiter ausgeführt wird, sind schwerer auf einen Gegenstand und seine Erläuterung(en) zurückzuführen. In Hebräer 10, 19-25 finden wir eine Abhandlung über die hohepriesterliche Funktion des Herrn Jesu:
"Weil wir denn nun, liebe Brüder, durch das Blut Jesu die Freiheit haben zum Eingang in das Heiligtum, den er uns aufgetan hat als neuen und lebendigen Weg durch den Vorhang, das ist durch das Opfer seines Leibes, und haben einen Hohepriester über das Haus Gottes, so lasset uns hinzugehen mit wahrhaftigem Herzen in vollkommenem Glauben, besprengt in unseren Herzen und los von dem bösen Gewissen und gewaschen am Leib mit reinem Wasser. Lasset uns festhalten an dem Bekenntnis der Hoffnung und nicht wanken; denn er ist treu, der sie verheißen hat; und laßt uns aufeinander achthaben und uns anreizen zur Liebe und zu guten Werken, und nicht verlassen unsere Versammlungen, wie einige zu tun pflegen, sondern

einander ermahnen; und das um so mehr, je mehr ihr seht, daß sich der Tag naht."

Weil viele Details in diesem Abschnitt eine Erklärung verlangen, wird ein gewissenhafter Student die Äste vom Stamm trennen. Solange sich nicht ein Subjekt hervorhebt, ist es unmöglich, den Wert und die Bedeutung anderer Aussagen zu bestimmen. Bei oberflächlicher Betrachtung ergibt sich vielleicht als Textgegenstand "Der Hohepriester Jesus Christus", aber das ist viel zu ungenau. Auch die Aussage "Der Mut, das Heilige zu betreten" ist nicht das Subjekt des ganzen Abschnitts. Besser ist: "Was passieren sollte, weil wir mit Zuversicht in Gottes Gegenwart treten und einen Hohepriester haben". Wir erwarten dazu eine Antwort bzw. Erläuterung. Der Text gibt uns drei Antworten:

(1) Lasset uns zu Gott kommen mit der Gewißheit, daß unser Herz und unser Leben gereinigt von Schuld ist.

(2) Lasset uns unerschütterlich festhalten an der Hoffnung, die wir besitzen.

(3) Lasset uns einander anspornen zur Liebe und zu guten Werken.

Alles andere in diesem Abschnitt hat mit diesem Subjekt und den drei Erläuterungen zu tun.

In diesen beiden Bibeltexten haben wir das Subjekt und seine Erläuterungen herausgefunden um die Grundstruktur zu entdecken. Bei komplizierteren und längeren Abschnitten müssen wir zwischen der eigentlichen Grundidee und ihrer weiteren Entfaltung unterscheiden lernen. Diese Anstrengung, die Grundidee herauszufinden, ist oft mühsam und frustrierend, aber es ist die lohnendste Zeitinvestition bei der Predigtvorbereitung. Man hat einen Abschnitt so lange nicht verstanden, bis man das Subjekt und seine Erläuterung klar formulieren kann. Als Zuhörer sollte man es sich zur Gewohnheit machen zu fragen: "Worüber redet der Prediger heute?" und "Was sagt er über den Gegenstand seiner Predigt?" Erst, wenn man diese Fragen beantworten kann, hat man die Predigt verstanden.

Denken ist anstrengend und schwierig, aber es ist die wesentliche Arbeit eines Predigers. Damit hier kein Mißverständnis entsteht - diese Arbeit ist oft langwierig, entmutigend und überfordernd, aber wenn Gott Menschen zum Predigen beruft, dann verlangt er auch, daß sie ihn mit ihrem Verstand lieben. Gott verdient diese Liebe und auch die Menschen, denen wir dienen. Der Prediger sollte also nicht denken, es wäre verlorene Zeit, wenn er sich gut auf seine Predigt vorbereitet. An einem kühlen regnerischen Tag saß ein Prediger in seiner Studierstube und starrte trübsinnig aus dem Fenster. Den ganzen Vormittag hatte er an seiner Predigt gearbeitet, ohne wesentliche Fortschritte zu machen. Er bedauerte sich selbst, weil ihm die Predigt solche Mühe bereitete. Da schoß ihm ein Gedanke durch den Kopf, der fortan seinen Dienst beeinflußte: Die Brüder und Schwestern deiner Gemeinde bringen viel mehr Zeit auf für deine Predigt als du. Sie kommen aus hundert verschiedenen Familien. Zusammen reisen sie 1500 km, um deine Predigt zu hören. Sie verbringen 300 Stunden bei dir im Gottesdienst. Beklage dich also nicht länger über die wenigen Stunden, die du dich vorbereiten mußt und über die Mühsal, die dir das bereitet. Diese Menschen verdienen alles, was du zu geben vermagst.

---

* **Worum ging es im vergangenen Kapitel?**

Der Grundgedanke, die Idee.
Wir unterscheiden bei dem Grundgedanken zwei wesentliche Elemente:

Das Subjekt (der Gegenstand)
Die Erläuterung

* **Definitionen**

"Erläuterung" - Antwort auf die Frage: "Was sage ich über das Subjekt meiner Rede?"

"Subjekt (Gegenstand)" - vollständige, klar umrissene Antwort auf die Frage: "Worüber spreche ich?"

"Grundidee, Grundgedanke, Kernaussage" - ist eine Destillation des Lebens. Durch Ideen werden Einzelheiten des Lebens geordnet und in Beziehung gesetzt.

Übungen

Bestimme den Gegenstand und seine Erläuterung(en) in den folgenden Aussagen:

1. Eine gute Predigt hinterläßt bei Dir den Eindruck, daß der Prediger alles von Dir weiß.
   Gegenstand:
   Erläuterung:

2. Moderne Predigten haben ihre Autorität verloren, weil sie weitgehend die Bibel als Quelle ihrer Botschaft abgelehnt haben.
   Gegenstand:
   Erläuterung:

3. "G. K. Chesterton sagte einmal, daß die Leute an gar nichts mehr glauben, wenn sie aufhören, an Gott zu glauben. Aber es ist noch schlimmer. Wenn sie aufhören, an Gott zu glauben, glauben sie alles."

   "Malcolm Muggeridge"

   Gegenstand:
   Erläuterung:

4. Ein guter Ruf ist köstlicher als großer Reichtum und anziehendes Wesen besser als Silber und Gold.

   "Sprüche 22,1"

   Gegenstand:
   Erläuterung:

5. Lobet den Herrn, alle Heiden! Preiset ihn, alle Völker!
   Denn seine Gnade und Wahrheit walten über uns in Ewigkeit. Hallelujah!

   "Psalm 117"

   Gegenstand:
   Erläuterung:

6. Jeder braucht seine Erinnerungen. Sie bewahren uns vor der Gefahr der Bedeutungslosigkeit.
Gegenstand:
Erläuterung:

7. Einen Alten schilt nicht, sondern ermahne ihn als einen Vater, die jungen Männer als Brüder, die alten Frauen als Mütter, die jungen als Schwestern, in aller Keuschheit.
"1.Tim.5,1-2"
Gegenstand:
Erläuterung:

8. Spazierengehen ist eine Sportart, für die man keine Turnhalle braucht. Es ist ein Rezept ohne Medikament, eine Gewichtskontrolle ohne Diät, eine Kosmetik, die es in keiner Drogerie gibt. Es ist ein Beruhigungsmittel ohne Tablette, eine Therapie ohne Therapeuten, ein Jungbrunnen, der keine Legende ist. Ein Spaziergang ist ein Urlaub, der keinen Pfennig kostet.
Gegenstand:
Erläuterung:

9. Die Astrologie, die in den 60er Jahren aufkam, lebt wieder auf. "The American Federation of Astrologers" hat ihre nationale Mitgliederzahl in den letzten 5 Jahren auf 4.000 verdoppelt. Ihre Geheimnisse, die so alt wie Babylon sind, haben sogar einen solch wichtigen Ort wie Washington D.C. infiltriert.
"New York Times"
Gegenstand:
Erläuterung:

10. Ein neues Buch: *Amerikanische Küche - ein historischer Abriß* bringt nur eine Bemerkung über die Küche des Weißen Hauses: *"... zur Zeit gibt es dort einen französischen Küchenchef, der exzellente Milkshakes und hervorragende Hamburger herstellen kann."* Gut, es ist nichts an erstklassigen Shakes und Hambur-

gern auszusetzen, und der Küchenchef ist Schweizer und kein Franzose, aber die Tatsache, daß ein 512 Seiten starkes Buch über amerikanische Küche nur diese eine Bemerkung über die Küche des Weißen Hauses macht, setzt dieses in schlechtes Licht: Der kulinarische Ruf des Weißen Hauses ist wirklich trostlos. Aber dieser schlechte Ruf ist nicht berechtigt. Tatsächlich besaß das Weiße Haus in den vergangenen 12 Jahren einen großartigen Küchenchef, der eine große Auswahl von ungewöhnlichen Speisen kochen konnte. Trotzdem hält sich das Gerücht aufrecht, daß die Präsidenten (außer Kennedy) ihren Gästen gerne so typische Gerichte wie Chili, hot dogs, Hüttenkäse und Ketchup vorsetzen. (Diese Speisen wurden allerdings in der Privatküche des Präsidenten vorbereitet, die nicht mit der offiziellen Küche des Weißen Hauses verwechselt werden sollte.)

"Julia Childs"

Gegenstand:
Erläuterung:

(Antworten in Anhang)

Die Hilfsmittel

Denken ist schwere Arbeit. Noch schwerer ist es aber, über das Denken nachzudenken und am schwierigsten scheint es, über diesen Vorgang zu reden. Aber gerade das ist die Hauptaufgabe der Homiletik[1]. Ein Lehrer der Homiletik sollte zunächst gut beobachten, wie Prediger arbeiten und versuchen, in ihr Denken einzudringen und zu entdecken, was in ihnen vorgeht, wenn sie eine Predigt vorbereiten. Dann muß er versuchen, seine Ergebnisse den Studenten klar und deutlich zu vermitteln. Diese Aufgabe grenzt ans Unmögliche.

Von wem sollte ein Predigerlehrling lernen? Gewiß nicht von jedem Prediger. Es gibt genausoviele Tolpatsche hinter dem Predigtpult wie auf dem Fußballfeld und um zu entdecken, wie man etwas geschickt macht, beobachten wir gewöhnlich diejenigen, die es uns wirkungsvoll vorzeigen. Wenn man aber die "Wie mache ich es" - Bücher der berühmten Prediger gelesen hat, stellt man fest, daß es genausoviele Methoden wie Prediger gibt. Solche Prediger, die "aus einem übervollen Herzen" heraus reden, vermitteln manchmal Einsichten, die ihr Ziel treffen, obwohl sie bei der Predigt auf alle Regeln verzichten. Auch diese Predigten, die eigentlich auch einer Methode entspringen, sollte man nicht übersehen.

Wie sollen wir die vielen verschiedenen Methoden auswerten oder die offensichtliche Wirkung von Predigten erklären, hinter denen scheinbar keine Methode steht? Wie können wir aus all dem ein Modell machen, dem andere folgen können?

Zunächst grenzen wir die Predigten aus, deren Grundlage außerhalb der Bibel zu suchen ist. Dann ist es auch bei den meisten "methodenlosen" Predigern so, daß sie intuitiv gewissen Regeln folgen, und diese lassen sich analysieren. Außerdem beschränken wir uns auf die Prediger, die konstant gut und wirksam predigen und vernachlässigen diejenigen, die das nur gelegentlich tun. Klare, bedeutsame biblische Predigten finden nicht durch Zufall oder Intuition jeden Sonntag statt. Gute Prediger haben meistens ein System.

---

[1] Predigtgestaltung

Aus der Tatsache, daß Prediger auf unterschiedliche Weise an ihre Arbeit herangehen, lassen sich zwei Schlüsse ziehen:

(1) Denken ist ein dynamischer Prozeß und
(2) detaillierte Anweisungen, wie man zu denken hat, stören diesen Prozeß oft.

Welchen Schaden diese Anweisungen anrichten können, zeigt eine kleine Geschichte: Ein Richter und ein Arzt spielten regelmäßig zusammen Golf. Sie spielten gleich gut und mochten das prickelnde Gefühl der Rivalität. In einem Frühjahr wurde der Richter plötzlich so stark, daß er das Spiel regelmäßig gewann. Der Arzt strengte sich an, sein Spiel zu verbessern - aber vergeblich. Dann hatte er eine Idee. Er kaufte in einer Buchhandlung drei Abhandlungen über das Golf-Spiel und schickte sie als Geburtstagsgeschenk an den Richter. Es dauerte nicht lange, bis sie wieder gleich gut Golf spielten.

Eine wirksame Predigt setzt Einsicht, Vorstellungskraft und geistliche Sensibilität voraus. Das sind Dinge, die man nicht durch Handbücher lernen kann. Eine Anleitung für eine bibelauslegende Predigt gleicht der Anleitung zum Aufbau einer Kathedrale als der zum Zusammenfügen eines Stalls.

Aber sogar die Architekten von Kathedralen haben ihre Art und Weise, wie sie ihre Aufgabe erfüllen. Um eine reife Predigt hervorzubringen, ist ein lebenslanger Umgang mit dem Wort Gottes und den Menschen notwendig. Trotzdem braucht ein Anfänger ganz konkrete Hilfen für seinen Start. Kenntnisse darüber, wie andere Prediger mit der Bibel umgehen, sind ein Anfang. Darüberhinaus muß jeder seinen eigenen Verstand, seinen Geist und seine Erfahrungen einbringen und aus der wiederholten Übung in der Schwerarbeit des Denkens muß er seinen eigenen Arbeitsstil entwickeln. Aber sich bewußt zu sein, wie andere an diese Aufgabe herangehen, erzeugt Zuversicht und trägt dazu bei, daß man seine Zeit und Energie besser verwendet.

Obwohl im Folgenden die Predigtvorbereitung in Phasen aufgeteilt wird, sind diese in der Praxis oft ineinander verflochten. Die beste Zeit zum Schreiben der Einleitung z.B. scheint gekommen zu sein, wenn die ganze Entwicklung der Predigt klar ist. Trotzdem entwickeln erfahrene Prediger manchmal schon Leitgedanken zur Einleitung, wenn sie noch mitten in den Vorbereitungen der Predigt stecken.

Welche Phasen gibt es nun bei der Vorbereitung einer bibelauslegenden Predigt?

Phase 1 Auswahl des Predigttextes.

Die erste Frage, die sich der Ausleger stellen sollte, lautet: Worüber soll ich reden? Welchen Abschnitt der Bibel soll ich auswählen?

Diese Wahl sollte nicht erst am Dienstagmorgen stattfinden, 6 Tage vor der nächsten Predigt. Obwohl "Alle Schrift nützlich ist", sind nicht alle Schriftstellen von gleichem Wert der Nützlichkeit für die Gemeinde zu dem Zeitpunkt, wo sie sich gerade befindet. Dabei braucht der Prediger Einsicht in die Nöte und Bedürfnisse seiner Zuhörer, um die passenden Texte auszuwählen. In seinem Dienst versucht er, Brücken zwischen dem Wort Gottes und den Bedürfnissen seiner Zuhörer zu bauen. Um dies zu tun, muß er die Nöte der Gemeinde ebensogut kennen wie die Bibel, damit er weiß, an welchen Stellen Gottes Wort über die entsprechenden Probleme spricht. Während er die Heilige Schrift auf verschiedene Weise durch sein Leben mit der Gemeinde in Verbindung bringt, ist ihm nichts mehr wichtiger, als daß er auswählt, was er zu der Gemeinde predigen will.

1. Gedankliche Zusammenhänge

Oft wird der Prediger schrittweise durch verschiedene Bücher der Bibel predigen. Wenn der Prediger seinen Text auswählt, sollte er die Bibel vorher sorgfältig gelesen haben. Dann sollte er die Abschnitte so einteilen, wie sie dem Sinn nach zusammenhängen. Er soll aber nicht zehn oder zwölf Verse für eine Predigt herausnehmen, so als ob jeder Vers als einzelner Gedanke behandelt werden könnte. Stattdessen muß er den Grundgedanken des Autors herausfinden und feststellen, wie weit er diesen ausführt. In den Briefen des Neuen Testaments bedeutet dies, daß der Prediger den Text nach den Abschnitten wählt, weil die Abschnitte die Bausteine der Gedanken darstellen. Der Prediger wird normalerweise ein oder zwei Absätze auswählen, je nachdem wie sie sich zueinander und zu dem Gedanken des Autors verhalten.

Natürlich hat keine göttliche Hand die Einteilung der Bibel vorgenommen. Sie unterlag der Einschätzung des Übersetzers oder Herausgebers. Deshalb unterscheidet sie sich auch in den verschiedenen

Bibelausgaben. Allen gemeinsam ist, daß verschiedene Gedanken und Geschichten durch Absätze bzw. Kapitel unterteilt wurden. Ein gewissenhafter Prediger vergleicht die Einteilungen im Urtext und in verschiedenen Übersetzungen und wählt dann die aus, die ihm am besten erscheint und verwendet sie dann als Basis für seine Erläuterungen.

Aus einem erzählenden Teil der Bibel wird der Prediger nicht nur ein oder zwei Absätze herausnehmen, sondern die ganze literarische Einheit. Die Geschichte von David und Bathseba z. B. würde zerrissen, wenn man sie absatzweise predigen würde, denn zu ihr gehören das gesamte 11. Kapitel des 2. Buches Samuel und mindestens ein Teil des 12. Kapitels, denn darin ist die Sünde und ihre verheerenden Folgen aufgezeichnet.

In den Psalmen entspricht ein Abschnitt ungefähr der Strophe eines Gedichts. Auch wenn der Prediger nur eine Strophe erklären will, muß er sich doch auf den gesamten Psalm beziehen. Das Hauptprinzip für die Auswahl des Predigttextes ist somit: Gründe die Predigt auf die Gesamtheit einer biblischen Aussage!

2. Länge der Predigt

Der zweite Faktor, der die Auswahl beeinflußt, ist die Zeit. Ein Prediger hat nur eine begrenzte Zeit für seine Predigt zur Verfügung. Obwohl bei gut vorbereiteten und attraktiv gebrachten Predigten nur wenige Zuhörer auf die Uhr achten, sollte man ihnen trotzdem nicht die Zeit stehlen. Ein Prediger muß seine Predigt der zur Verfügung stehenden Zeit anpassen. Das sollte in der Vorbereitung geschehen und nicht erst hinter dem Predigtpult.

Sogar wenn er 50-60 Minuten predigen kann, muß er eine Auswahl treffen. Ein fleißiger Prediger kann selten alles mitteilen, was er sich erarbeitet hat, noch muß er dies tun. Durch Erfahrung lernt er, wie weit er in Details gehen kann und ob er den Abschnitt aus der Frosch- oder Vogelperspektive sehen sollte. Beides, die gedanklichen Zusammenhänge und die Zeit, die zur Verfügung steht, müssen bei der Auswahl eines Abschnitts beachtet werden.

3. Aktueller Anlaß

Bei der Wahl eines Textes können aktuelle Anlässe, wie z.B. Ostern, Weihnachten, Erntedankfest usw. mitbedacht werden. Auch sollte ab und zu über theologische Fragen, wie Dreieinheit, Versöhnung, Inspiration und Autorität der Schrift, gesprochen werden.

Dazu kommen menschliche Probleme wie z. B. Schuld, Schmerz, Einsamkeit, Ehe, Scheidung und Eifersucht. Bei solchen aktuellen Anlässen geht der Prediger vom Gegenstand bzw. Problem selbst aus und sucht dann nach einem Abschnitt in der Bibel, wo dazu etwas ausgesagt wird. Auf der Suche nach der biblischen Lehrmeinung sind Konkordanzen und Bibellexika eine große Hilfe. Auch theologische Fachbücher können hilfreich sein. Predigen über menschliche Probleme, manchmal "Lebenssituation-Predigt" genannt, kann noch schwieriger sein, biblisch zu behandeln. Je breiter die eigenen Bibelkenntnisse sind, desto eher wird man passende Abschnitte aus der Bibel finden. Ein belesener Prediger kennt die Versuchung von Adam, die Eifersucht von Kain, den Betrug von Jakob und die Depression von Elia. Eine Konkordanz gibt oft einen guten Hinweis. Dazu kommen Bücher, die mit moralischen und ethischen Problemen aus christlicher Sicht ringen. Sie analysieren oft nicht nur das Problem, sondern weisen auf wichtige Bibelstellen hin.

Nachdem er den Text ausgewählt hat, muß ein Prediger ihn sorgfältig und möglichst unvoreingenommen untersuchen. Zu oft sagt ein Abschnitt dann nicht das aus, was wir erwarten. Es besteht die Gefahr, daß man etwas in die Bibel hinein interpretiert, das von den eigenen Gedanken bestimmt ist. Manche Prediger haben ihre "Lieblingstexte", aus denen sie alles mögliche herauslesen, ohne den Zusammenhang zu beachten. So kann der Prediger in Versuchung kommen, den biblischen Autor in einen modernen Psychologen umzuwandeln und darauf zu bestehen, daß dieser in der Predigt Aussagen macht, die er nie in der Bibel gesagt hat. Eine aktuelle Predigt unterscheidet sich von einer sogenannten "aktuellen Rede" darin, daß der biblische Gedanke grundlegend für alles ist, was über das aktuelle Thema gesagt wird.

Phase 2 Studium des Bibeltextes und Zusammentragen der Notizen

1. Der Kontext

Zunächst sollte der Prediger jede Bibelstelle im Zusammenhang mit dem Buch, in dem sie steht, lesen. Noch besser ist es, wenn man dieses Buch mehrmals liest, und oft noch in verschiedenen Übersetzungen. Sogar diejenigen, die die Fähigkeit besitzen, mit dem Urtext umzugehen, werden es leichter finden, die breite Entwicklung der Gedanken des Autors wahrzunehmen, wenn sie es zuerst in ihrer Muttersprache lesen. Zur Verfügung stehen meistens verschiedene Versionen von ganz wortgetreuen Interlinear-Übersetzungen, wo die deutschen Wörter direkt unter den griechischen bzw. hebräischen Worten des Urtextes stehen, bis hin zu umgangssprachlichen Übersetzungen, wie "Die Gute Nachricht". Indem der Prediger verschiedene Übersetzungen liest, gewinnt er einen Eindruck von der Genauigkeit und Lebendigkeit des Originaltextes.

Der Prediger mag originalgetreue Übersetzungen, wie z.B. die Elberfelder Bibel, für sein Studium verwenden. Wenn diese Übersetzungen vom Predigerpult aus vorgelesen werden, klingen sie oft hölzern und steif. Um die gleiche Dynamik wie der Urtext zu erreichen, könnte der Prediger als Ergänzung eine andere gute Übersetzung verwenden, die der deutschen Umgangssprache mehr angepaßt ist und die sich mehr auf die Gedanken als auf die einzelnen Wörter konzentriert.

Was ein Autor in einem Abschnitt der Bibel ausdrückt, kann nur im Kontext[1] des Kapitels oder des ganzen Buches verstanden werden. Das ist bei allen literarischen Werken so, nicht nur in der Bibel. Ein Prediger muß diesen Überblick über das Ganze nicht alleine erarbeiten. Einleitungen zu den jeweiligen Kommentaren und Einführungen in das Alte Testament und das Neue Testament diskutieren, warum ein Buch geschrieben wurde und geben einen Umriß seines Inhaltes. Obwohl Kommentatoren manchmal verschiedene Meinungen in sol-

---

[1] Kontext = Zusammenhang

chen einführenden Fragen haben, kann der Prediger trotzdem mit ihren Ausführungen arbeiten, während er selbst den Text liest und diese dabei prüft.

Ein einzelner Abschnitt sollte nicht nur im Gesamtzusammenhang des Buches gesehen werden, sondern auch in Beziehung zum vorausgegangenen und nachfolgenden Abschnitt gesetzt werden. Oft ergeben sich durch das Studium des direkten Zusammenhangs mehr Anhaltspunkte zum Verständnis der Schriftstelle selbst, als durch die Untersuchung der Einzelheiten des ausgewählten Textes. Um einen Abschnitt zu verstehen, müssen wir erkennen, woraus er sich entwickelt hat, was ihm vorausgeht und wie er zum Nachfolgenden Bezug hat. Würde es irgendeinen Unterschied machen, wenn dieser besondere Abschnitt nicht hier stünde? Was für einen speziellen Zweck hat dieser ausgewählte Abschnitt für das ganze Buch? Um z.B. die Aussagen von 1. Korinther 13 zu verstehen, muß man auch die Kapitel 12 und 14 studieren, weil alle drei Kapitel eine Einheit über geistliche Gaben darstellen. Der im Kapitel 13 angesprochene Kontrast von Liebe und Geistesgaben läßt sich nur mit Hilfe des Kontextes interpretieren.

Während man den Bibeltext in verschiedenen Übersetzungen liest, sollte man sich Notizen machen. Schreibe die Probleme so genau wie möglich nieder, die dir beim Erarbeiten dieses Abschnitts begegnen. Versuche diese Probleme darzulegen und auszudrücken. Wenn verschiedene Übersetzungen sich z. B. auffällig unterscheiden, ist das vielleicht ein Hinweis darauf, daß die Übersetzer den Abschnitt aus verschiedenen Perspektiven sehen. Versuche diese Unterschiede darzulegen! Um Antworten zu finden, muß man als wesentlichsten Schritt die richtigen Fragen stellen.

Dann ist es gut, grob festzustellen, worüber der Autor spricht (sein Gegenstand) und welche Aussagen er zu diesem Gegenstand macht (seine Erläuterungen). Es kann auch vorkommen, daß man an diesem Punkt der Vorbereitung den Gegenstand noch nicht greifen kann. Dann sollte man sich fragen, welche zusätzlichen Angaben man benötigt und warum es so schwierig ist, den Gegenstand des Textes zu ermitteln.

Nachdem der Abschnitt im Zusammenhang gesehen wurde, müssen die Details untersucht werden: Struktur, Vokabeln, Grammatik. Eine

Interlinearausgabe der Bibel die die wörtliche Übersetzung aus der hebräischen und griechischen Sprache in die deutsche Sprache darstellt, oder auch andere Hilfen um Besonderheiten in den Grundsprachen Hebräisch und Griechisch deutlich zu machen, können eine zusätzliche gute Hilfe hierzu sein. Genauigkeit, von Ehrlichkeit ganz zu schweigen, verlangt, daß wir jede mögliche Fertigkeit entwickeln, um zu verhindern, daß wir im Namen Gottes etwas kundtun, was der Heilige Geist nie zu vermitteln beabsichtigte.

2. Lexika

Es gibt verschiedene Hilfsmittel, um die Details eines Abschnitts zu untersuchen. Eine Möglichkeit ist es, durch Gebrauch eines Lexikons die Bedeutungen eines Wortes herauszufinden. Große, umfangreiche Lexika beschreiben neben der Definition auch Herkunft, grammatikalische Formen und Gebrauch, Illustrationen und Vorkommen des Wortes in der Bibel.

3. Konkordanzen

Während Lexika und Wörterbücher ein Wort definieren, geben Konkordanzen darüber Auskunft, in welchem Zusammenhang ein Wort gebraucht wird und an welchen Stellen der Bibel es vorkommt. Offensichtlich waren die Autoren des Neuen Testaments Männer, die im Alten Testament zu Hause waren und so reflektierten sie bei wesentlichen Begriffen mehr das Gedankengut des Alten Testaments als das Gedankengut der klassischen Literatur. Weil diese Männer die Septuaginta, die griechische Übersetzung der hebräischen Schriften, studierten, ist es sehr hilfreich für einen Prediger zu verstehen, wie ein Wort in der Septuaginta verwendet wurde.

4. Grammatiken

Das Verständnis eines Textes ergibt sich nicht nur durch die Analyse der Wörter. Es muß untersucht werden, ob ein Wort als Subjekt,

Objekt, in Haupt- oder Nebensätzen, als Redensart usw. gebraucht wird. Ein Studium der Syntax[1] zeigt, wie Wörter kombiniert werden, um etwas Bestimmtes auszudrücken. Dazu sind Grammatiken eine große Hilfe.

5. Biblische Wörterbücher

Viele Fragen über Biographien und Hintergründe können durch biblische Wörterbücher beantwortet werden.

6. Kommentare

Ein Lehrer der Schrift braucht selbst auch Lehrer. Kommentare zum Alten und Neuen Testament bringen viele Informationen zur Bedeutung eines Wortes, zum Hintergrund des Textes und zur Argumentationsweise des Autors. Dabei muß nicht unbedingt eine komplette Kommentarserie gekauft werden. Es genügen verschiedene, ausgesuchte Kommentare zu den einzelnen Büchern der Bibel.

Indem man die Details eines Abschnitts und seinen Zusammenhang erforscht, begibt man sich schon in die nächste Phase der Vorbereitung.

---

[1] Syntax = Lehre vom Satzbau

Phase 3 Erarbeitung des exegetischen Grundgedankens

Wenn du den Abschnitt studierst, bring die einzelnen Teile in Beziehung miteinander, um den Grundgedanken und seine Entwicklung festzustellen.

Die linguistische und die grammatikalische Analyse sollte niemals das Wichtigste einer Predigtvorbereitung sein, aber sie führt zu einem klareren Verständnis des Abschnitts. Nach der Analyse der Einzelheiten müssen diese wieder zu einem Ganzen zusammengefügt werden, indem man endgültig den Gegenstand und seine Erläuterungen festlegt. Dabei kann man sich fragen: Worüber genau redet der Autor? Paßt das Thema zu allen Teilen des ausgewählten Abschnitts? Ist es zu weit oder vielleicht zu eng gefaßt?

1. Der Gegenstand

Das anfängliche Festlegen des Gegenstandes wird oft zu ungenau durchgeführt. Um den Gegenstand eines Abschnitts genau festzulegen, sollte man sich eine Reihe von gezielten Fragen stellen, die in dem folgenden Reim vorkommen:

Ich hatte sechs treue Freunde,
bei ihnen erwarb ich mein ganzes Wissen;
sie heißen *Wer* und *Was* und *Warum*,
Wann und *Wo* und *Wie*.

Wenn diese sechs Fragen bei einem Text gestellt werden, wird es leichter sein, den Gegenstand exakt zu benennen. Nehmen wir als Beispiel Jakobus 1, 5-8: "Wenn es aber jemandem unter euch an Weisheit mangelt, so bitte er Gott, der jedermann gern gibt und niemanden schilt, so wird sie ihm gegeben werden. Er bitte aber im Glauben und zweifle nicht; denn wer zweifelt, der gleicht einer Meereswoge, die vom Wind getrieben und bewegt wird. Ein solcher Mensch denke nicht, daß er etwas von dem Herrn empfangen werde. Ein Zweifler ist unbeständig auf allen seinen Wegen."

Bei oberflächlicher Betrachtung mag der Eindruck entstehen, daß Jakobus über "Weisheit" redet. Als Thema wäre das aber zu weit gefaßt, weil Jakobus sich nur über einige Teilbereiche des Begriffs "Weisheit" ausläßt. Betrachten wir diesen Abschnitt etwas genauer, dann sehen wir, daß er davon spricht, wie man Weisheit erlangt. Dies ist schon eine etwas genauere Festlegung des Gegenstandes. Die vorangehenden Verse 2-4 können uns helfen, den Begriff weiter einzugrenzen. In ihnen ist die Rede davon, daß Freude die adäquate Reaktion auf Prüfungen ist. Die Verse 5-8 führen diese Gedanken weiter. Deshalb wäre eine gute Formulierung des Gegenstands dieser Verse: "Weisheit erlangen inmitten von Prüfungen." Alle Einzelheiten dieses Abschnitts passen direkt oder indirekt zu diesem Thema. Wenn ein vorgeschlagenes Thema genau beschreibt, wovon der Autor spricht, erläutert es die Details des Abschnitts und umgekehrt, das Thema wird von den Details erläutert.

2. Die Erläuterung

Nachdem das Thema herausgefunden ist, müssen die Erläuterungen, die zusammen mit dem Gegenstand eine Idee bilden, gesucht werden. Dabei muß man auch den Aufbau des Abschnitts erkennen, und zwischen seinen Haupt- und deren unterstützenden Erläuterungen zu unterscheiden. Oft wird die Erläuterung sofort sichtbar, wenn der Gegenstand klar formuliert ist. Die Erläuterung zu dem Gegenstand: "Weisheit erlangen inmitten von Prüfungen" in Jak.1,5-8, ist die Aussage: "darum sollen wir Gott bitten." Eine vollständig formulierte Grundidee verbindet das Thema mit der Erläuterung. In diesem Beispiel würde sie dann lauten: "Weisheit in Prüfungen gewinnt man, wenn man Gott im Glauben und ohne Zweifeln darum bittet."

In manchen Abschnitten der Bibel, besonders in den Briefen, weben die Schreiber eine lückenlos durchdachte Beweiskette hinein, welche durch eine mechanische Gliederung analysiert werden kann. So eine mechanische Gliederung deckt die Beziehung von abhängigen Nebensätzen zu den unabhängigen auf. Eine noch mühsamere Methode, die Struktur aufzulösen, ist ein Diagramm anzufertigen, das die Beziehung der einzelnen Wörter zueinander in den Sätzen aufzeigt. Eine mechanische Gliederung oder ein Diagramm können entweder auf dem Originaltext oder einer guten Übersetzung beruhen. Beide Methoden bringen Analyse und Synthese zusammen, sodaß die Hauptaussage eines Abschnitts von den Nebenaussagen getrennt werden. Ein Beispiel für eine mechanische Gliederung findet sich in Anhang 2.

3. Andere literarische Formen

Obwohl die Briefe des Neuen Testaments einen fundamentalen Beitrag zur christlichen Lehre leisten, stellen sie nur eine von vielen, in der Bibel verwendeten literarischen Formen, dar. Viele Leute sind sich nur unzureichend bewußt, daß die Bibel noch viele andere literarische Gattungen enthält, z. B. Gleichnisse, Gedichte, Sprichwörter, Gebete, Reden, Allegorien, Gesetze, Verträge, Biographien, Dramen, Zukunftsvisionen und Erzählungen. Damit wir die Bibel richtig verstehen, sollten wir uns beim Lesen klarmachen, um welche literarische Form es sich gerade handelt und wissen, welche allgemeinen Dinge sich damit verbinden. Wir interpretieren ein Gedicht anders als Gesetzeswerke. Ein Gleichnis unterscheidet sich grundsätzlich von einer historischen Begebenheit oder einem Liebeslied. Wenn man sich mit einer Erzählung beschäftigt, wird eine grammatikalische Analyse wenig sinnvoll sein. Wenn wir eine Erzählung verstehen wollen, müssen wir eine Reihe von Fragen stellen, z. B.: Wer sind die Personen der Geschichte? Warum beschreibt der Autor sie? Unterscheiden sich die Charaktere der Personen? Wie entwickeln sich die Personen im Verlauf der Geschichte? Was trägt der Schauplatz zur Geschichte bei? Welchen Aufbau hat die Geschichte? Wie fügen sich die einzelnen Episoden ins Ganze? Welche Konflikte treten auf und wie werden sie gelöst? Warum wurde die Geschichte geschrieben? Welche Gedanken liegen ihr zugrunde, die oft gedacht und nicht ausgesprochen sind? Wie können sie durch Thema und Erläuterungen beschrieben werden?

Vieles im Alten Testament gehört zur literarischen Form der Dichtung. Man sieht dies besonders gut in den Übersetzungen, wo Gedichte auch als solche gedruckt sind. Sogar Teile der Bibel, die wir nur als

Prosa kennen (Prophetie, Weisheitsliteratur, Geschichtsschreibung) enthalten lange Gedichte. Dichter erzählen normalerweise keine Geschichte, sondern drücken ihre Gefühle und Reflexionen über das Leben und das Unfaßbare darin, aus. In der hebräischen Literatur verwendet der Dichter den Parallelismus, wo Sätze wiederholt, gegenübergestellt oder ergänzt werden. Die hebräische Sprache ist reich an Sinnbildern, die nicht immer Tatsachen, sondern häufig Gefühle beschreiben. Bildhaftes Reden bringt Lebendigkeit und Kraft in die Sprache, weil sie den weiten Bereich der persönlichen Erfahrung den Tatsachen hinzufügen. Wenn ein Bauer feststellt: "Das Land braucht Wasser!" drückt das eine Tatsache aus. Aber wenn er sagt: "Die Erde dürstet nach Regen!" werden Tatsachen und Gefühle wiedergeben. Ein Dichter ist immer bemüht, seiner Sprache Kraft und Tiefe zu verleihen. Deshalb sollten wir uns bei der Interpretation von Dichtungen fragen: Welche Bedeutung haben Metaphern[1] und Bilder? Welche Gefühle werden ausgedrückt? Welche Form- und Strukturelemente benutzt der Autor, um seine Gedanken zu ordnen? Was würde verlorengehen, wenn dieselbe Wahrheit in Prosa ausgedrückt wäre?

Wenn du dich für die Grundidee des Schreibers entschieden hast, möchtest du auch erkennen, wie er diese in dem speziellen Abschnitt entwickelt hat. Um dies nachzuvollziehen, kann es hilfreich sein, den Text zu paraphrasieren[2]. Dabei ist darauf zu achten, daß die Gedanken sorgfältig und exakt nachvollzogen werden. Du mußt genau sein im Denken und sorgfältig im Feststellen der Zusammenhänge, die du im Text findest, ob sie tatsächlich niedergeschrieben sind oder nur durch Sinnbilder zu erkennen sind. Während du daran arbeitest, wirst du höchstwahrscheinlich deine exegetische Aussage ändern müssen, um sie dem Text besser anzupassen. Nie sollst du den Text an deine Aussage anpassen!

---

[1] Metaphern = Bildhaftes Reden

[2] Paraphrasieren = Umschreiben

Als Ergebnis des bisherigen Textstudiums solltest du fähig sein, zwei Aufgaben durchzuführen:

(1) Die Formulierung der Grundidee (Thema und Erläuterungen) in einem kurzen, klaren Satz.

(2) Die Ausarbeitung der Entwicklung dieser Grundidee in einem speziellen Textabschnitt.

Worum ging es im vergangenen Kapitel?

Kontext
Lexikon
Konkordanz
Bibellexikon
Graphische Anordnung
Diagramm
Paraphrasieren

Definitionen

Bibellexikon	enthält Beiträge zu vielen biblischen Themen, geschichtliche Hintergründe und Biographien von Menschen der Bibel.
Diagramm	zeigt die Beziehung von einzelnen Wörtern zum Satz und die Beziehung der Sätze untereinander.
Konkordanz	listet auf, in welchen Zusammenhängen ein Wort in der Bibel vorkommt.
Kontext	der Zusammenhang, in dem ein Abschnitt steht.

Lexikon	enthält Definitionen, Ursprung eines Wortes, grammatikalische Formen, Gebrauch des Wortes in verschiedenen Zusammenhängen, eine Liste von Abschnitten, in denen das Wort vorkommt und einige Illustrationen.
Graphische Anordnung	zeigt die Beziehung von Haupt- und Nebensätzen in einem Abschnitt.
Paraphrasieren	einen Text mit eigenen Worten wiedergeben.

Der Weg vom Text zur Predigt

Eine lebendige Predigt umfaßt biblische Grundgedanken und deren Verknüpfung mit dem normalen Leben. Deshalb muß sich derjenige, der wirksam predigen will, mit drei verschiedenen Bereichen beschäftigen.

Zuerst gewinnt der Prediger in seinem Studium Kenntnisse über die Bibel. Gott hat selbst entschieden, sich in der Geschichte zu offenbaren - zu Nationen, die man auf einer Landkarte finden kann, durch Sprachen, die man grammatikalisch beschreiben kann und in Kulturen, die so hochentwickelt waren wie unsere Kultur heute - deshalb muß der Ausleger verstehen, was Gottes Offenbarung an die Menschen zu deren Lebzeiten bedeutete.

Zweitens sollte der Ausleger auch die Strömungen seiner eigenen Zeit beobachten, weil jede Generation ihre eigene Geschichte schreibt und ihre eigene Sprache und Kultur hat. Eine exegetisch genaue, lehrreiche und gut gegliederte Predigt kann tot und kraftlos wirken, weil die lebensbedrohenden Probleme und Fragen der Zuhörer darin nicht berücksichtigt wurden. Solche in religiösen Tönen gehaltenen Predigten, die eine Sprache benutzen, die man nie auf der Straße hören kann, die sich in großartigen biblischen Gedankengängen wohlfühlen, erwecken im Zuhörer das Gefühl, daß Gott weit weg ist und sein Handeln der Vergangenheit angehört. Ein Ausleger darf deshalb nicht nur die Fragen beantworten, vor denen unsere Väter standen. Wer für Gott wirkungsvoll sprechen will, muß sich zuerst mit den Fragen seiner Generation beschäftigen und dann erst über die Fragen von Gottes ewiger Wahrheit reden.

Der dritte Bereich, mit dem der Prediger zu tun hat, ist das soziale Umfeld, in dem er lebt bzw. in dem die Gemeinde steht. Je nachdem, ob sich die Gemeinde in einer ländlichen Gegend, in einer Siedlung der gutbürgerlichen Mittelschicht oder in einem Hochhaus - Ghetto befindet, sollten sich die Formen unterscheiden, in denen biblische Botschaften vermittelt und ethische und philosophische Fragen unserer Zeit beantwortet werden. Letztlich will der Prediger nicht die ganze Menschheit erreichen. Er spricht bestimmte Menschen an, die er auch zum großen Teil namentlich kennt. Diese Gaben, Seelsorger und Lehrer sein zu können, gehören bei einem Prediger unbedingt zusammen. Es sollte nicht so sein, wie es ein Gemeindeglied einmal ausdrückte: "Das Problem ist, daß Gott wie unser Prediger ist: Die ganze Woche über bekommen wir ihn nicht zu sehen, und sonntags verstehen wir ihn nicht." Das schlechte Vorbild des Predigers hatte negative Rückwirkung auf die Gottesvorstellung dieses Menschen! *"Die Predigt ist grundsätzlich ein Teil der Seelsorge, und Seelsorge beeinhaltet ein tiefgreifendes Verständnis für die Probleme der Gemeindeglieder"*[1]. Ein guter Hirte kennt seine Schafe.

In den folgenden Abschnitten soll besprochen werden, wie die Vergangenheit, die moderne Welt und das soziale Umfeld in einer Predigt zusammengebracht werden können. Dabei muß der Prediger die Bibel nicht anpreisen wie "altes Bier". Auch moderne Menschen können die gleiche Beziehung zu Gott haben wie die Menschen der Bibel. "Der Herr, unser Gott, hat einen Bund mit uns geschlossen am Horeb." Diese Feststellung wurde von Menschen getroffen, denen zum zweiten Male die Zehn Gebote gegeben wurden und die Jahrzehnte nach dem

---

[1] J.M.Reu: "Homiletics: A Manual of the Theory and Practice of Preaching" Seite 129.

Ereignis lebten, als Gott ihnen durch Mose diese Gebote zum erstenmal vor Augen stellte. Trotzdem sagen sie: "Der Herr, unser Gott, hat einen Bund mit "uns" geschlossen am Horeb und hat nicht mit unseren Vätern diesen Bund geschlossen, sondern mit uns, die wir heute hier sind und alle leben" (5 Mo 5, 2-3). Sie bezogen das damalige Ereignis auf sich. Gottes Wort richtete sich auch an diese neue Generation. Er sprach dabei nicht nur von dem Bund, den er mit ihnen schloß, sondern auch von den Beziehungen, die sie zueinander haben sollten.

Um die Bibel so auszulegen, damit uns der allgegenwärtige Gott dort ansprechen kann, wo wir leben, verlangt, daß der Prediger die Gemeinde genauso gründlich studiert wie die Heilige Schrift. Er muß sich den Kopf darüber zerbrechen, um zu entdecken, wie er die auszulegende Grundaussage umreißen und zu einer Predigt verarbeiten kann. Bis dahin bezieht der Prediger in seiner Predigtvorbereitung die Bibel auf das normale tägliche Leben, bevor er zur nächsten Stufe seines Studiums übergeht.

Phase 4 **Analysiere deine exegetische Aussage mit Hilfe von drei grundsätzlichen Fragen.**

Das Ergebnis einer auslegenden Studie erscheint mir oft wie ein Topf mit zerkochtem Gemüse. Was kann man tun, um die knackigen und frischen Ideen aus der Auslegung in eine lebendige und vitale Predigt zu verwandeln? Um diese praktische Frage zu beantworten, muß der Prediger wissen, wie sich Gedanken entwickeln.

Wenn jemand eine bedeutende Aussage macht, sind nur vier Dinge geschehen um sie zu entwickeln: Sie kann entweder neu formuliert, erklärt, überprüft oder angewendet werden. Nichts anderes! Diese einfache Tatsache anzuerkennen, öffnet den Weg, um eine Predigt zu entwickeln.

Durch den Gebrauch einer neuen Formulierung drückt ein Autor einen Gedanken neu "in anderen Worten" aus, um ihn klarer zu fassen, zu betonen oder zu vertiefen. Solche Neuformulierungen finden sich häufig in der hebräischen Dichtung des Alten Testaments; man nennt diese in der Fachsprache "Parallelismus der Glieder" (Parallelismus membrorum), den sog. Gedankenreim. So heißt es z. B. in Psalm 104, 33: "Ich will dem Herrn singen mein Leben lang, meinen Gott lobpreisen solange ich bin." Auch Paulus benutzte dieses Stilmittel, z. B. als er die Irrlehrer angriff, die Gesetzlichkeit mit dem Evangelium verwechselten. "Aber wenn auch wir oder ein Engel vom Himmel euch etwas anderes als Evangelium predigen würde, außer dem, was wir euch verkündigt haben, der sei verflucht! Wie wir eben gesagt haben, so sage ich abermals; Wenn jemand euch etwas anderes als Evangelium predigt, außer dem, das ihr empfangen habt, der sei verflucht!" (Galater 1, 8-9). Jeremia bringt denselben Gedanken sogar sechsmal in verschiedenen Formulierungen ein, als er Babylon verdammt:

"Das Schwert soll kommen, spricht der Herr, über die Chaldäer und über die Einwohner von Babel und über ihre Fürsten und über ihre Weisen!

Das Schwert soll kommen über ihre Wahrsager, daß sie zu Narren werden; das Schwert soll kommen über ihre Starken, daß sie verzagen!

Das Schwert soll kommen über ihre Rosse und Wagen und über alles fremde Volk, das darin ist, daß sie zu Weibern werden:
Das Schwert soll kommen über ihre Schätze, daß sie geplündert werden! Dürre soll kommen über ihre Wasser, daß sie versiegen! Denn es ist ein Götzenland, und an ihren schrecklichen Götzen sind sie toll geworden."

Jeremia 50, 35-38

Obwohl solche Wiederholungen einen großen Raum in geschriebener oder gesprochener Kommunikation einnehmen, haben sie in einer Predigt keine solch große Bedeutung. Die drei anderen Formen, verkörpert in drei Fragen, um eine Aussage zu entwickeln, erzeugen mehr Wirkung.

1. Was bedeutet diese Aussage?

Eine dieser grundsätzlichen Fragen betrifft die Erklärung. Man fragt: *Was bedeutet diese Aussage?* Muß diese Aussage oder ein Teil von ihr erklärt werden? Diese Frage zielt in verschiedene Richtungen. Zuerst auf die Bibel bezogen bedeutet sie: "Drückt auch der Autor seine Gedanken hauptsächlich durch Erklärungen aus?" Paulus gibt uns dazu im Korintherbrief ein Beispiel. Er erklärte, wozu die verschiedenen Gaben, die Gott gibt, nützlich sind und daß sie zur Einheit der Gläubigen dienen sollen. Er faßt seine Gedanken in 1. Korinther 12, 11-12 zusammen: "Dies alles aber wirkt derselbe eine Geist, und teilt einem jeglichen das Seine zu, wie er will. Denn gleichwie ein Leib ist und doch viele Glieder hat, alle Glieder des Leibes aber, ob sie viele sind, doch ein Leib sind: so auch Christus." In den übrigen Versen des Abschnitts erklärt Paulus diese Aussage entweder dadurch, daß er sie in kleinere, verständlichere Teile aufteilt, z. B. als er die Geistesgaben aufzählt, oder durch eine Illustration am Beispiel des menschlichen Körpers. Analog dazu erklärt er, daß die Gemeinde wie ein Körper ist, der aus verschiedenen Teilen besteht, wobei jeder Teil zum Leben beiträgt und von allen anderen profitiert. Wer also diesen Teil des

Korintherbriefs als Predigtgrundlage nimmt, sollte beachten, daß Paulus hier seine Gedanken vor allem durch Erklärungen ausdehnt, und durch diesen Erklärungsvorgang kann dann möglicherweise der Anlaß für eine Predigt aus diesem Abschnitt entstehen.

Zweitens kann die Frage nach der Bedeutung einer Aussage auch auf die Vorkenntnisse der Zuhörer abzielen. Der Prediger muß sich fragen, ob die Zuhörer eine Erklärung brauchen, auch wenn der Autor keine gibt. Als Paulus z. B. in 1. Korinther 8 über Götzendienst sprach, war das etwas, das seinen Zuhörern genauso vertraut war wie uns heute das Einkaufszentrum oder Kaufhäuser sind. Wir können heute mit den früheren Praktiken des Götzendienstes nicht mehr viel anfangen. Wahrscheinlich würde es den Korinthern von damals mit unseren Supermärkten ähnlich gehen. Ein sensibler Prediger achtet darauf, daß er den Zuhörern, wenn er über Götzendienst spricht, die damaligen Bräuche und ihre Bedeutung erklärt. Dazu muß er ihnen die psychologischen, emotionalen und religiösen Spannungen nahe bringen, unter denen die Korinther standen, wenn sie das Fleisch aßen, das für Götzen bestimmt war. Wenn Paulus dabei von schwachen Brüdern sprach, meinte er nicht Menschen, die sich leicht verführen ließen. Er sprach damit über gewissenhafte Menschen an, die diese Götzenreligion nicht durchschauten - nämlich, daß es "keine Götzen in der Welt gibt" sondern, daß sie nur abergläubische Einbildungen sind. Heute schätzen sich viele als "stark" ein, die im Sinn des Paulus "schwach" sind. Eine Behandlung dieses Textes erfordert heute also eine ausführliche Erklärung, die damals nicht nötig war.

Im 1. Korinther-Brief 12,13 beobachtete der Apostel: "Denn wir wurden alle in einem Geist zu einem Leibe getauft, seien wir Juden oder Griechen, Knechte oder Freie, und wurden alle mit einem Geist getränkt." Hier schon wieder nahm Paulus an, was wir nicht können, daß seine Leser die Arbeit des Heiligen Geistes bei der Taufe verstanden. Ein Hinweis zu der "Taufe durch den Heiligen Geist" macht einige Zuhörer unruhig auf ihren Sitzen und sie wundern sich: "Was bedeutet das?" "Ist das nicht eine Erfahrung, die für einen Charismatiker wichtig ist und hat das nicht mit Zungenrede zu tun?" "Was denken andere Gläubige aus meinem Kreis darüber?" Der Prediger darf diese Reaktionen nicht übersehen. Stattdessen wird er sie schon in seiner Vorbereitung berücksichtigen und sich in der Predigt Zeit nehmen, die Taufe durch den Heiligen Geist zu erklären, auch wenn es Paulus in diesem Abschnitt nicht tat.

Eine der wichtigsten Kämpfe für eine Predigt ist Verständlichkeit zu erlangen. Napoleon gab seinen Kurieren nur drei Kommandos. "Sei deutlich! Sei deutlich! Sei deutlich!" Verständlichkeit ergibt sich nicht von selbst. Etliche Prediger haben eine gymnasiale oder akademische Ausbildung. Das kann zu einem Hindernis werden, wenn sie es mit "normalen" Menschen zu tun haben. Ihre Sprache und ihre Gedankenwelt können oft so weit von der einfacher Menschen entfernt sein, daß man sich nicht mehr versteht. Wenn nun ein Prediger ein Krankenhaus, eine Druckerei, eine Sporthalle oder eine Werkstatt betritt und den Fachjargon hört, muß er ständig fragen um zu verstehen, was hier vor sich geht: "Was bedeutet das?" Kaum ein Experte in irgendeinem anderen Fach muß Außenstehenden sein Fachwissen verständlich nahebringen. Anders verhält es sich beim Prediger. Damit alle etwas mitbekommen ist es wichtig, daß die Zuhörer Erklärungen zu *den* Dingen der Bibel erhalten, die sie nicht verstehen können. Daher muß ein Prediger besonders darauf achten, was seine Zuhörer nicht wissen und wie er es ihnen erklären soll.

Die Frage nach der Erklärung einer Aussage hat also sowohl mit dem Text als auch mit den Zuhörern zu tun. Der Prediger soll sich vorstellen, daß ein mutiger Zuhörer mitten in der Predigt aufsteht, um dringend die Frage zu stellen: "Was bedeutet das?" - dann wird er schon in der Vorbereitung seiner Predigt auf Dinge aufmerksam gemacht werden, die in der Entwicklung der Predigt besprochen werden müssen.

2. Ist die Aussage heute noch gültig?

Eine weitere Frage, die man an eine Aussage stellen kann, ist die nach der Gültigkeit. Nachdem eine Aussage verstanden worden ist, wird oft gefragt: "Hat diese Aussage eigentlich heute noch Gültigkeit? Kann ich das wirklich so glauben?" Eine vorschnelle Reaktion wäre, solche Fragen zu ignorieren und zu verlangen, daß eine Aussage akzeptiert wird, weil sie so in der Bibel steht. Die Umsetzung einer biblischen Botschaft ins täglichen Leben wird selten durch das Zitieren von Bibelversen erreicht, sondern mehr durch ehrliche Überprüfung, klare Beweisführung und deutliche Beispiele.

Auch die Schreiber des Neuen Testaments stützen ihre Argumente nicht nur auf die Schriften des Alten Testaments, sondern zusätzlich auf Beobachtungen des täglichen Lebens. Als Paulus die Korinther mit der Tatsache konfrontierte, daß er ein Recht auf ihre finanzielle Unterstützung habe, berief er sich sowohl auf die Erfahrung als auch auf Mosaische Gesetze.

"Oder haben allein ich und Barnabas nicht das Recht, nicht zu arbeiten? Wer zieht jemals in den Krieg auf seinen eigenen Sold? Wer pflanzt einen Weinberg und ißt nicht seine Frucht? Oder wer weidet eine Herde und nährt sich nicht von der Milch der Herde? Rede ich aber solches nach menschlichem Gutdünken? Sagt nicht solches das Gesetz auch? Denn im Gesetz des Mose steht geschrieben (5.Mose 25, 4): 'Du sollst dem Ochsen, der da drischt, nicht das Maul verbinden.' Sorgt sich Gott etwa um die Ochsen? Oder redet er nicht allenthalben um unsertwillen? Denn es ist ja um unsertwillen geschrieben, daß, der da pflügt, soll auf Hoffnung pflügen; und der da drischt, soll auf Hoffnung dreschen, daß er sein Teil empfangen werde. Wenn wir euch das Geistliche säen, ist es dann ein groß Ding, wenn wir euer Leibliches ernten? Wenn andere dieses Rechtes an euch teilhaftig sind, warum nicht viel mehr wir?" (1.Korinther 9, 6-12).

Paulus appelliert zunächst an die eigene Erfahrung der Korinther. Jeder Berufstätige, ob Soldat, Weinbauer, Schäfer oder Bauer bekommt Lohn durch seine Arbeit. Warum sollte das bei einem Apostel oder Lehrer nicht auch so sein? Dann argumentiert Paulus mit dem Gesetz des Mose, nach dem der Ochse, der das Korn drischt, auch davon essen darf. Ein Arbeiter - ob Mensch oder Tier - sollte für seine Arbeit entlohnt werden.

In diesem Zusammenhang sollte also der Prediger darauf achten, wie der biblische Autor seine Meinung begründet. Die Apostel benutzen

alle rechtmäßigen Argumente, um damit die Zustimmung der Zuhörer zu bekommen. Als Petrus z. B. seine Pfingstpredigt hielt, begründete er mit der Heiligen Schrift und mit der Erfahrung, daß "Gott diesen Jesus, den ihr gekreuzigt habt, zum Herrn und Christus gemacht hat." (Apg. 2, 36) Die Wunder Jesu, seine Kreuzigung und Auferstehung, Davids Grab und das Wunder von Pfingsten waren seine Argumente. Dazu führte er auch noch Joel und David als Zeugen an, die bei den Juden als glaubwürdige Propheten bekannt waren, um zu interpretieren, was die Leute selbst erfahren haben.
In ihren Predigten und in ihren Briefen paßten sich die Apostel in ihren Argumenten dem Vorverständnis ihrer Zuhörer und Leser an, um die Gültigkeit ihrer Aussagen zu unterstreichen.

In seiner Rede an die Intellektuellen auf dem Areopag sprach Paulus über Schöpfungstheologie und ihre notwendigen Bedeutungen. Obwohl er biblische Aussagen vertrat, zitierte Paulus nie das Alte Testament, weil es den heidnisch griechischen Zuhörern nichts bedeutete. Statt dessen unterstützte er seine Aussagen, indem er auf ihre Götzen und Philosophen hinwies und Schlüsse aus dem alltäglichen Leben zog. Er wollte den Athenern dadurch natürlich keine Lehrstunde in griechischer Philosophie erteilen. Das Alte Testament war Autorität für alle seine Behauptungen, wie z.B. die Randnotizen in der Nestle-Griechisch--Bibel beweisen. Er benutzte die heidnischen Quellen, die mit der biblischen Offenbarung übereinstimmten, weil sie von den Zuhörern eher akzeptiert wurden.

Neben dem Herausarbeiten dessen, was der biblische Autor benutzt, um die Glaubwürdigkeit seiner Aussagen zu unterstützen, muß sich der Prediger auch fragen, ob seine Zuhörer heute die Botschaft glauben können.
Fragen wie "Ist das wahr? Kann ich das wirklich glauben?" werden heute oft gestellt. In früheren Generationen konnten solche Fragen nicht offen gestellt werden, weil sie durch Schuldgefühle unterdrückt wurden. Heute muß man eher mit einer fragenden und zweifelnden Einstellung der Zuhörer rechnen. Durch schulische Erziehung und dem Einfluß der Massenmedien haben wir es heute mit Skeptikern zu tun, die dogmatischen Ansprüchen und enthusiastischen Aufrufen gleichgül-

tig oder ablehnend gegenüberstehen, egal, von welcher Seite sie kommen.

Ein Prediger ist deshalb gut beraten, wenn er davon ausgeht, daß eine Aussage von den Zuhörern nicht schon deshalb als wahr und glaubwürdig angenommen wird, weil sie in der Bibel steht. Sie steht natürlich in der Bibel, weil sie wahr ist, aber das muß man den Zuhörern erst einmal klar machen. Die Bibel beschäftigt sich mit der Realität, wie sie ist und wie Gott sie geschaffen hat und in ihr regiert. Man könnte von daher auch erwarten, daß sich ihre Aussagen in denen der Wissenschaften wiederfinden. Damit ist nicht gesagt, daß man biblische Wahrheiten durch soziologische, astronomische oder archäologische Studien beweisen müßte, aber die echten Erkenntnisse dieser Wissenschaften unterstreichen den Wahrheitsgehalt der Bibel.

Wie sollte man also als Prediger die Frage: "Ist das wahr?" behandeln? Dazu ein Beispiel aus Römer 8, 28, wo Paulus behauptet: "Wir wissen aber, daß denen, die Gott lieben, alle Dinge zum Besten dienen, denen, die nach dem Vorsatz berufen sind." Die meisten Zuhörer nehmen heute diese Aussage mit gerunzelter Stirn zur Kenntnis. "Wie soll ich so etwas glauben?" Was ist denn mit der Frau, die von einem Amokschützen niedergeschossen wurde und die ihren Mann und drei kleine Kinder hinterläßt? Was ist mit der christlichen Familie, der gesagt wird, daß ihr vierjähriger kleiner Sohn Leukämie hat? Soll das "das Beste" sein? Ist es "das Beste", wenn ein junger Missionar in einem Urwaldfluß ertrinkt, bevor er überhaupt einen einzigen Eingeborenen getroffen hat? Wenn man mit diesem Bibelabschnitt arbeitet, ohne diese Fragen zu stellen und diese auch nicht befriedigend beantwortet, kann man viele seiner Zuhörer verlieren.

Ein weiteres Beispiel ist Johannes 14, 12. "... er wird noch größere (Werke) als diese tun, denn ich gehe zum Vater." Um die Gültigkeit dieser Aussage hervorzuheben, benutzt D. G. Barnhouse eine Analogie: *"Auf einem amerikanischen U-Boot, das sich in feindlichen Gewässern befand, bekam ein Matrose eine akute Blinddarmentzündung. Der nächste sichere Hafen war tausende Seemeilen entfernt. Eine Operation war unumgänglich. Als sie nicht mehr länger abwarten konnten, da das Fieber des Kranken schon auf über 40°C gestiegen war, sagte der Bord-Apotheker: 'Ich habe schon bei Blinddarmoperationen zugeschaut und würde mir so etwas zutrauen. Was meinen Sie?' Der Matrose war einverstanden. In der Offiziersmesse wurde der Patient auf einen Tisch unter eine helle Lampe gelegt. Der Apotheker und die Offiziere, die ihm assistieren wollten, zogen sich ihre Pyjamaoberteile verkehrt an und bedeckten ihre Gesichter mit Mull. Die Mannschaft versuchte, das Boot ruhig zu halten und der Koch kochte Wasser zur Sterilisation ab. Ein Teesieb diente als antiseptischer Behälter, ein Skalpell mit gebrochenem Griff als Operationsinstrument. Alkohol, von Torpedos genommen, wurde als Desinfektionsmittel verwendet, und gebogene Eßlöffel hielten die Bauchdecke auseinander. Nachdem der Apotheker die Bauchhöhle geöffnet hatte, brauchte er zwanzig Minuten, um den Blinddarm zu finden. Zweieinhalb Stunden später war der letzte Stich getan, gerade als der Narkoseäther aufgebraucht war. Dreizehn Tage später konnte der Patient wieder arbeiten.*

Jeder wird zustimmen, daß dies eine größere Leistung war als eine Operation, die von ausgebildeten Ärzten und Krankenschwestern in einem modernen Krankenhaus durchgeführt wird. Durch diese Analogie wird klar, was Jesus meint, wenn er sagt: 'Er wird größere (Werke) als diese tun, denn ich gehe zum Vater.' Als Jesus lebte und verlorene Menschen rettete, waren das große Taten. Aber noch großartiger ist, daß er das noch heute durch uns tut."[1]

C. Jones gebrauchte oft ein einfaches Beispiel, um die Notwendigkeit des Glaubens zu verdeutlichen: *"Wenn man durch die eigenen guten Werke in den Himmel kommen will, ist es so, als wolle man in einem Papierboot den Atlantik überqueren."*[2]

C. S. Lewis geht auf die Gültigkeit der Heiligen Schrift ein, in dem er sich mit einer von nachdenklichen Menschen gestellten Frage über das Evangelium identifiziert:

---

[1] "The Renewal of Man: A Twentieth-Century Essay on Justification by Faith" Seite 94.

"Es gibt noch etwas anderes, was für mich ein Rätsel war. Ist es nicht schrecklich ungerecht, daß nur die Menschen das ewige Leben erlangen, die von Christus gehört haben und es geschafft haben, ihm zu glauben? Aber die Wahrheit ist, daß Gott uns nicht sagt, wie er mit den anderen Menschen umgeht. Was wir wissen ist, daß kein Mensch ohne Christus gerettet werden kann. Was wir aber nicht wissen ist, ob nur jene, die ihn kennengelernt haben, gerettet werden können. Anstatt zu überlegen, was mit den Heiden geschieht, sollte man lieber darüber nachdenken, ob man selbst gerettet ist. Denn es scheint doch sehr unlogisch, wenn man sich Sorgen um die Menschen macht, die ohne Christus leben, und selbst ohne ihn lebt. Christen stellen den Leib Christi dar, den Organismus, durch den Gott arbeitet. Jeder, der hinzukommt, ermöglicht ihm, mehr zu arbeiten. Wenn man den Wunsch hat, den Heiden zu helfen, sollte man sich als kleine Zelle dem Leib Christi anschließen, damit Gott ihnen helfen kann. Wenn man nämlich einem Menschen einen Finger abschneidet, ist das nicht gerade das beste Mittel, ihn zu produktiveren Arbeiten zu bringen."[1]

Egal, ob man mit Lewis einverstanden ist oder nicht, er gibt uns ein gutes Beispiel dafür, wie eine klassische Frage gestellt, behandelt und an die Zuhörer zurückgegeben werden kann.

Auch J. W. Hamilton hat ein gutes Gespür für brodelnde Fragen, die bei einer Predigt über die göttliche Vorsehung auftauchen. Er zitiert zu Beginn seiner Predigt einen unbekannten Dichter:

"Wo ist das Meer?" riefen die Fische, als sie durch den Atlantik schwammen; "Wir haben vom Meer und den Gezeiten gehört, und wir wollen das blaue Wasser sehen."

Um uns herum sind lauter kleine Fische, die das Meer sehen wollen. Die Menschen leben und haben ihre Erfüllung durch die göttliche Vorsehung, aber sie sehen vor lauter Wasser das Meer nicht mehr. Vielleicht liegt es an der Ausdrucksweise. Die alten Israeliten waren ein religiöses Volk. Sie dachten in religiösen Vorstellungen, sprachen

---

[1] C.S.Lewis: "Who Goes There? What and Where is God?" Seite 52.

eine religiöse Sprache und sahen in jedem Ereignis ein direktes Eingreifen Gottes. Wenn es regnete, war es Gott, der den Regen sandte. Wenn die Ernte gut war, war es Gott, der den Ertrag gegeben hatte. Aber so reden und denken wir heute nicht mehr. Unser Denken ist mehr von wissenschaftlich erforschten Gesetzmäßigkeiten geprägt. Wenn es regnet, wissen wir, daß es kondensierter Wasserdampf ist. Wenn die Ernte gut ist, führen wir das auf die Düngemittel zurück. In unserer Denkweise spielen sich erstaunliche Dinge ab. In einer Welt, die keinen Augenblick ohne Gott existieren kann, haben wir unser Denken so eingerichtet, als ob es ihn gar nicht gäbe. Wir haben die Sicht dafür verloren, daß Gott für uns in allen Bereichen sorgen kann und will und versuchen, viele unserer Bedürfnisse durch eigene und Naturkräfte zu stillen. Viele Menschen, die auf dem Land aufgewachsen sind, vergessen, Gott für das Essen auf dem Tisch zu danken, weil sie nun in der Stadt leben und ihre Lebensmittel im Supermarkt kaufen. Ein Arzt in New York sagte einmal: 'Wenn man hier ein Kind fragt, wo die Milch herkommt, wird es nicht an eine Kuh denken, sondern sagen, aus der Flasche.'"

Bloß zu fragen: "Ist das wahr? Glauben meine Zuhörer und ich wirklich an diese Wahrheit?" ergibt keine spontanen Antworten. Aber wenn wir versagen, uns mit solchen grundlegenden Fragen zu beschäftigen, werden wir bald nur noch zu denen sprechen, die ihr Leben bereits Jesus übergeben haben. Noch schlimmer, weil wir selbst nicht bereit sind, solche Fragen ehrlich zu stellen, gehen wir mit Botschaften hausieren, die wir selbst nicht glauben. Die Zuhörer dürfen erwarten, daß wir Probleme wahrnehmen, bevor wir Lösungen bereit haben. Deshalb muß sich der Prediger, nachdem er die Grundaussage des Textes erforscht hat, ernsthaft mit den Fragen beschäftigen: "Werden meine Zuhörer diese Aussage als wahr und gültig annehmen? Wenn nicht, warum nicht?" Er sollte die Fragen, die ihm dabei kommen, aufschreiben und sich überlegen, in welche Richtung die Antworten gehen könnten. Der Prediger wird dabei vieles entdecken, wenn er seine Predigt entwickelt, worüber er und seine Zuhörer nachdenken sollten.

3. Was geht das mich an?

Die dritte wichtige Frage bei der Erarbeitung einer Predigt ist die nach der Anwendbarkeit. Obwohl es sehr wichtig ist, die Gültigkeit und Wahrheit einer biblischen Aussage zu erklären, ist die Predigt nicht fertig, ehe die Aussage nicht in Verbindung mit dem Leben der Zuhörer gebracht worden ist. Im Grunde warten die Menschen vor dem Predigtpult von Anfang an darauf, daß der Prediger die Fragen "Was soll das nun? Was bringt das für mich persönlich?" beantwortet. Alle Christen sollten sich diese Fragen stellen, wenn sie in der Bibel lesen. M.J. Adler teilt Bücher in theoretische oder praktische ein. Ein theoretisches Buch kann man versuchen zu verstehen, und es dann zur Seite legen. Ein praktisches Buch muß nicht nur gelesen, sondern auch angewendet werden. Nach dieser Einteilung ist die Bibel ein höchst praktisches Buch, das sowohl verstanden als auch befolgt werden muß.

Viele Prediger haben die Übertragung auf eine Anwendung vernachlässigt. Bisher gibt es auch noch kein einziges Buch, das sich ausschließlich oder vorwiegend mit dem schwierigen Problem der Anwendung beschäftigt. Die Folge ist, daß viele Gemeindeglieder, die ihr ganzes Leben lang orthodoxe Predigten ohne Anwendungen hören, möglicherweise unchristlich leben. Unser Glaubensbekenntnis besteht aus zentralen Glaubenslehrsätzen und erinnert uns daran, was wir als Christen glauben sollten. Bedauerlicherweise kann es uns nicht sagen, wie wir uns aufgrund unseres Glaubens verhalten sollen. Das ist eben die Aufgabe des Predigers, und er sollte dies sorgfältig in Angriff nehmen.

Die Grundlage für eine brauchbare Anweisung zur Anwendung ist immer eine genaue Auslegung. Wir können nicht fragen, was ein Abschnitt für uns bedeutet, wenn wir nicht herausgefunden haben, worüber dort gesprochen wird. Dazu müssen wir verstehen, was der Autor seinen damaligen Zuhörern sagen wollte. Erst danach können wir fragen, was es für uns bedeuten kann.

Wir müssen untersuchen, wo Gemeinsamkeiten und Unterschiede zwischen den Zuhörern von damals und heute bestehen. Je mehr Gemeinsamkeiten vorhanden sind, desto direkter kann die Übertragung und Anwendung sein.

"Wisset, liebe Brüder, ein jeglicher Mensch sei schnell zum Hören, langsam zum Reden, langsam zum Zorn. Denn des Menschen Zorn tut nicht, was vor Gott recht ist."

(Jakobus 1, 19-20)

Diese Aufforderung von Jakobus an die Judenchristen in der ganzen Welt gilt auch heute noch direkt für alle Gläubige, egal zu welcher Zeit und in welcher Situation sie leben, denn alle Christen stehen in der gleichen Beziehung zu Gott und seinem Wort.

Wenn die Übereinstimmung zwischen der Bibel und dem 20. Jahrhundert weniger direkt ist, wird eine passende Anwendung schwieriger. Ein Prediger muß ganz besonders auf das Gemeinsame des modernen Menschen heute und derer, die die göttliche Offenbarung erhalten haben, achten, aber auch genauso auf die Unterschiede zwischen ihnen. Zum Beispiel konnten Paulus Anweisungen für Sklaven direkt von den christlichen Sklaven des ersten Jahrhunderts angewendet werden. Viele Prinzipien, die aus dieser Herr-Sklaven-Beziehung gewonnen werden können, haben heute ihre Bedeutung im Verhältnis von Arbeitgeber zu Arbeitnehmer. Dabei darf aber nicht übersehen werden, daß moderne Angestellte keine Sklaven sind! Wenn man die Unterschiede des Verhältnisses Arbeitgeber-Arbeitnehmer zu damals ignoriert, würde dies zu groben Fehlanwendungen des Abschnittes führen. Wenn man Mitglieder einer Gewerkschaft angreift, weil doch Sklaven ihren Herren zu gehorchen haben (Epheser 6, 5), hat man den Unterschied zwischen Sklaven und Angestellten mißachtet.

Texte des Alten Testaments auf moderne Zuhörer anzuwenden, ist noch schwieriger. Falsche Anwendungen des alten Testamentes haben leider eine unheilvolle Geschichte. Eine unselige Anwendung liegt vor, wenn man die Abschnitte des Alten Testaments mit Phantasie frei deutet. Die Geschichten, die dort erzählt werden, dienen dann nur als Gleichnisse für verborgene Meinungen, die nicht im Text, sondern im Kopf des Auslegers verborgen sind. Eine andere falsche Methode ist, das Alte Testament nur als Beispiel oder Illustration für die Dogmen des Neuen Testaments zu benutzen. Bei dieser Methode kommt die

Autorität für die Predigt weder von der Theologie des Alten Testaments, noch von der Absicht des Schreibers, sondern lediglich aus der Theologie des Predigers selbst, der sie in den alttestamentlichen Abschnitt hinein interpretiert. Sollte er wegen seiner Interpretation oder Anwendung angegriffen werden, kann er sich mit einem Abschnitt aus dem Neuen Testament oder mit einer Theologie verteidigen, die von den Zuhörern akzeptiert wird.

Wie können wir also fortfahren, die Frage nach der Anwendung zu beantworten? Zunächst sollte die Anwendung mit der theologischen Absicht des biblischen Autors übereinstimmen. "Der Prediger muß nicht nur die Aussage des Textes verstanden haben, sondern auch die Umstände, in denen sie entstanden sind. Das Herausarbeiten der theologischen Absicht gehört mit zu seiner auslegerischen Arbeit. Erst danach kann er den Text interpretieren und den Fehler vermeiden, in den Text etwas hineinzulegen, was der Autor gar nicht beabsichtigt hat"
(J. Bright).

Wir können einen Abschnitt des Alten oder Neuen Testaments nicht verstehen oder anwenden, wenn wir den Zusammenhang nicht kennen. Wenn man z. B. einen Abschnitt oder ein Kapitel des Predigerbuches analysieren will, muß man sich zuerst mit der Absicht des ganzen Buches vertraut machen. Andernfalls kommt man auf unpassende Ideen oder zieht verheerende Schlüsse für die Menschen von heute. Nur wenn wir das größere Textstück gemeistert haben, können wir die Hinweise finden, um die kleineren Abschnitte zu verstehen und zu wissen, warum sie geschrieben wurden.

Hier sind einige Fragen angeführt, die uns helfen, die theologische Absicht des Autors zu verstehen: besonders AT

1. *Gibt der Text Hinweise auf die Absicht des Schreibens? Gibt der Autor eigene Kommentare oder sonstige Interpretationen über das Geschehen?*

   Im Buch Ruth, Kapitel 4, 11-12 z. B. finden wir das glückliche Ende einer Geschichte, die einen hoffnungslosen Anfang hatte.

Dort wird Gottes gnädige Führung im Leben der beteiligten Personen deutlich. Die Fürsorge Gottes für Ruth und seine liebevolle Leitung zieht sich durch alle Kapitel des Buches. Sie kommt besonders in den sieben Segensgebeten und in der Weise zum Ausdruck, wie diese Gebete erhört werden. Gottes Eingreifen ist in alltägliche Erscheinungen so hineingewoben, daß auf den ersten Blick gar nicht offenbar wird, daß er handelt. Erst beim tieferen Nachdenken wird deutlich, daß Gott kontinuierlich dabei war, die Bedürfnisse und Hoffnungen der Menschen zu erfüllen.

2. *Werden im Text theologische Urteile gefällt?*
Den Kommentar "Zu der Zeit war kein König in Israel, und jeder tat, was ihm recht dünkte" finden wir im Buch der Richter an zwei Stellen (17, 6; 21, 25). Sie deuten darauf hin, wie wichtig diese Tatsache für die Geschichte der Israeliten war. Die Schilderung von Davids Sünde mit Bathseba und seinem Mord an Uria floß aus der Feder eines Historikers. Es ist ein Tatsachenbericht bis zu der Stelle in 2. Samuel 11, 27: "Aber dem Herrn mißfiel die Tat, die David getan hatte."

3. Erzählungen in der Bibel bringen gewisse Schwierigkeiten mit sich. Neben den üblichen Fragen sollten wir noch zusätzlich erforschen:
Dient die Geschichte als Beispiel oder als Warnung? Warum? Handelt es sich bei dem Vorfall um die Norm oder um eine Ausnahme? Welche Begrenzungen in der Anwendung ergeben sich daraus?

4. *Was sollten die Menschen daraus entnehmen, denen die Botschaft damals gegeben wurde? Was bedeutet die Botschaft für die Leser heute, wo die Schreiber wußten, daß ihre Schriften auch von späteren Generationen gelesen wurde?*

5. *Warum steht dieses Buch, diese Erzählung in der Bibel?*

Weitere Fragen zielen auf die Anwendungsmöglichkeiten für moderne Menschen, die in einer anderen Situation als damals leben.

1. *Was war die ursprüngliche Kommunikationsform, in der Gott sein Wort offenbarte? Welche Gemeinsamkeiten haben moderne Männer und Frauen mit der damaligen Zuhörerschaft?* Zum Beispiel gehörten die Zuhörer im 5. Buch Mose, denen Mose die Zehn Gebote wiederholte, einer neuen Generation an. Sie glaubten an Jahwe und gehörten zum auserwählten Volk, für das Gottes Verheißungen galten. Gott schloß einen Vertrag mit ihnen, in dem genaue Belohnungen und Strafen für Gehorsam oder Ungehorsam festgelegt waren. Alle waren mit Mose durch die Wüste gezogen und wollten das Land einnehmen, das Gott Abraham versprochen hatte.
   Christen von heute können sich nicht direkt mit dem Staat Israel identifizieren. Die Gemeinde ist weder eine Theokratie noch eine Nation. Aber wir glauben an Jahwe und sind in unserem Jahrhundert das Volk Gottes, das durch seine Gnade auserwählt wurde, um seine Zeugen in aller Welt zu sein. Außerdem erwartet Gott von uns, daß wir ihm gehorchen.

2. *Inwieweit können wir uns mit den Männern und Frauen der Bibel in ihrer Antwort auf Gottes Wort identifizieren?* Obwohl wir uns nicht in der Situation der Israeliten befinden, die das Land Kanaan einnahmen oder uns auch nicht mit David vergleichen können, der als König in Jerusalem regierte, haben wir doch dieselbe menschliche Natur. Wir können uns mit ihren intellektuellen, emotionalen, psychischen und geistigen Reaktionen gegenüber Gott und ihren Mitmenschen durchaus identifizieren.
   Wir sollten uns stets die folgende Beobachtung von J. Daniel Baumann vor Augen halten: "Wir haben viele Gemeinsamkeiten mit den Menschen des Altertums. Nur in einigen oberflächlichen Gedanken, rationalen Anschauungen und geistigen Strömungen

unterscheiden wir uns von ihnen. In allen grundsätzlichen Verhaltensweisen stimmen wir mit ihnen überein. Wir stehen genauso vor dem Angesicht Gottes wie sie. Wir alle haben Erfahrungen mit Schuld wie David, mit Zweifel wie Thomas, mit Verleugnung wie Petrus, mit der Abkehr von Gott wie Demas, vielleicht sogar mit dem Judaskuß. Wir sind mit den Abgründen und Realitäten der menschlichen Seele verknüpft". Auch wenn es zu einfach klingen mag, müssen wir feststellen, daß Gott immer schon Menschen mit seinen Wahrheiten konfrontiert hat und daß wir uns mit den Reaktionen der Menschen gegenüber Gott und den Mitmenschen auseinandersetzen müssen - allein, zu zweit oder in der Gruppe. Gottes Person und Charakter ändern sich nicht. Die Prinzipien und die Dynamik in seinem Handeln am Menschen haben sich bis heute nicht verändert.

3. *Welche weiteren Einsichten in Gottes Handeln mit seinem Volk haben wir durch zusätzliche Quellen bekommen?* Autoren von Kriminalromanen lassen im ersten Kapitel ihrer Bücher oft verwirrende oder unheimliche Dinge geschehen, deren Bedeutung erst im weiteren Verlauf des Romans deutlich wird. Auch in der Bibel werden manche Aussagen erst im Licht der gesamten Offenbarung klar. Deshalb sollte kein Abschnitt isoliert vom Ganzen interpretiert oder angewendet werden.

4. *Wenn ich eine ewige Wahrheit oder ein Prinzip erkannt habe, welche praktische Anwendung zeigt sich für mich und meine Zuhörer?* Welchen Einfluß hat dies auf meine Gedanken, Gefühle, Einstellungen und Verhaltensweisen? Unterstelle ich mich selbst dieser Wahrheit? Habe ich das vor? Welche Hindernisse kann es geben, die meine Zuhörer davon abhalten könnten, sich auch der Wahrheit zu beugen? Welche Vorschläge könnten ihnen helfen Gott so zu antworten, wie er es erwartet?

Normalerweise ergibt sich die Anwendung direkt aus dem Bibeltext, welcher der Predigt zugrunde liegt. Wenn der Prediger aber von einem speziellen Problem seiner Zuhörer ausgeht, muß er sich überlegen, in welchen Abschnitten der Bibel dieses Problem behandelt wird. Taucht es in verschiedenen Bibeltexten auf, ist die Lösung und Anwendung ebenfalls meist gut herauszuarbeiten. Schwierig wird es dann, wenn es sich um Probleme handelt, die gar nicht direkt in der Bibel erfaßt sind. Weil Jesus Christus als Herr über die ganze menschliche Geschichte steht, müssen Christen aus einer göttlichen Perspektive heraus zu Antworten auf aktuelle ethische und politische Fragen kommen. Dabei muß man annehmen, daß der Heilige Geist etwas zu sagen hat über Abtreibung, Retortenbabies, Umweltverschmutzung, Hunger in der Welt, Nutzen und Schaden der Technik oder auch staatlicher Sozialfürsorge. Die Prinzipien, nach denen wir leben und handeln sollen, können also nicht immer direkt aus der Schrift abgeleitet werden. Stattdessen werden sie oft indirekt abgeleitet und es hängt davon ab, ob der Prediger die gesellschaftliche Frage richtig analysiert und die theologischen Grundsätze richtig in Beziehung dazu bringen kann. Oft beeinflußt dabei schon die Fragestellung oder Betonung die Antwort. Einige Fragen sollen helfen, die Genauigkeit unserer Schlußfolgerungen zu überprüfen:

1. *Habe ich die Fakten verstanden und die Fragen korrekt gestellt, die sich in diesem Zusammenhang ergeben? Können diese Fragen auch anders gestellt werden, sodaß andere Aspekte entstehen?*

2. *Habe ich alle theologischen Prinzipien beachtet, die in Betracht kommen? Welches Gewicht haben die einzelnen Prinzipien für mich?*

3. *Ist die Theologie, die ich vertrete, wirklich biblisch, gestützt durch gründliche Auslegung und sorgfältige Interpretation der biblischen Texte?* Übertriebene Buchstäblichkeit in der Bibelauslegung birgt eine spezielle Gefahr in sich. Sie kann dazu führen, Dogmen oder ethische Positionen zu vertreten, die aus

dem Zusammenhang gerissen wurden und nicht mehr mit der Absicht des Autors übereinstimmen.

Um sich ein moralisches und politisches Urteil zu bilden, gibt A. Miller einen hilfreichen Einblick: *"Eine solide christliche Entscheidung beruht immer zugleich auf Glauben und auf Fakten . Sie ist wahrscheinlich um so richtiger, je mehr der Glaube richtig wahrgenommen und die Fakten ernsthaft überprüft wurden"*[1]. Weil aber die Analyse der Fakten und die Interpretation des Glaubens durchaus verschieden ausfallen können, kommt es zu unterschiedlichen christlichen Meinungen bei einer ethischen oder politischen Frage. Eine Entscheidungen kann erst dann als christlich angesehen werden, wenn wir die Tatsachen im Licht unseres Glaubens untersucht haben.

Diese drei Fragen "Was bedeutet diese Aussage? Ist diese Aussage heute noch gültig? Wie kann ich diese Aussage in meinem Leben anwenden?" sind die wichtigsten, um eine Predigt zu entwickeln. Sie bauen aufeinander auf. Ich kann die Frage nach der Gültigkeit einer Aussage nicht beantworten, wenn ich die Aussage selbst nicht verstanden habe, und wenn wir etwas nicht verstanden haben, hat es auch keinen Einfluß auf unser Leben. Obwohl sich der Prediger mit allen drei Fragen beschäftigen sollte, steht gewöhnlich eine davon im Mittelpunkt der Predigt.

Nachdem diese Untersuchungen abgeschlossen sind, kommt die nächste Phase der Predigtvorbereitung.

---

[1] "The Renewal of Man: A Twentieth-Century Essay on Justification by Faith" Seite 94.

Phase 5 **Formulierung des Grundgedankens für die Predigtgestaltung.**

An dieser Stelle seiner Vorbereitungen kennt der Prediger bereits die Richtung seiner Predigt und die Fragen, die sich aus dem Abschnitt ergeben und die behandelt werden müssen. Die zentrale Aussage des Textes sollte nun prägnant formuliert werden. Sie sollte sich sowohl auf die Bibel als auch auf die Zuhörer beziehen. Werbefachleute wissen, daß Aussagen selten als Aussagen, sondern häufig als Slogans wahrgenommen werden. Obwohl die Sprüche von Werbetextern meistens nicht mehr als schillernde Seifenblasen sind, sollte man den Einfluß einer gut formulierten, einprägsamen Aussage in einer Predigt nicht unterschätzen. Unser Denken beeinflußt uns mehr, als wir glauben. Wenn wir wichtige christliche Aussagen in kurze, leicht zu merkende Sätze verpacken, fällt es den Zuhörern leichter, Gottes Gedanken zu verstehen und danach zu leben.

Wenn es sich bei der auslegenden Aussage um ein allgemeines, zeitunabhängiges Prinzip handelt, dann kann die Form der Aussage mit der auslegenden Aussage identisch sein. Das ist zum Beispiel bei der Einleitung des Gleichnisses vom reichen Kornbauern der Fall: *"Sehet zu und hütet euch vor aller Habgier, denn niemand lebt davon, daß er viele Güter hat"* (Lukas 12, 15). Diese Warnung richtet sich an alle Menschen, in allen Kulturen, ihre Herzen nicht daran zu hängen, Reichtümer anzuhäufen. Sie muß nicht umformuliert werden. "Eine linde Antwort stillt den Zorn, aber ein hartes Wort erregt Grimm" (Sprüche 15, 1). Auch hier wird in Worten gesprochen, die jeder unmittelbar versteht. Habakuk erklärt: "Der Gerechte aber wird durch seinen Glauben leben" (Habakuk 2, 4). Das ist eine bekannte Wahrheit der Bibel, ein fundamentales Prinzip christlichen Lebens. Es muß nicht neu formuliert, wohl aber erklärt werden.

Andere auslegende Aussagen können dadurch besser wiedergegeben werden, indem man sie präziser und persönlicher faßt. Die exegetische Aussage von 1. Thessalonicher 1, 2-6 kann sein: *Paulus dankt Gott für die Christen in Thessalonich, weil sie mit Glauben, Liebe und Hoffnung leben und handeln, und weil sie von ihm erwählt wurden.* Das

Predigtthema sollte einfacher und direkter formuliert sein: *Wir können Gott dankbar sein für das Vorbild anderer Christen. Wir können von ihnen lernen, was sie für Gott und Gott für sie tat.*

Eine auslegende Aussage von 1. Timotheus 4, 12-16 könnte lauten: *Paulus ermutigt Timotheus, trotz seiner Jugend Respekt zu gewinnen, indem er sowohl in seinem Handeln als auch in seinen Motiven vorbildlich ist und fleißig predigt.* Für die praktische Anwendung würde das lauten: *Junge Männer können sich Respekt verschaffen, indem sie auf ihr persönliches Leben und ihre Lehre achtgeben.* Wenn diese Predigt vor jungen Studenten gehalten würde, könnte der Satz noch persönlicher formuliert werden: *Du kannst Dir in Deinem Predigtdienst Respekt verschaffen, indem Du auf Dich selbst und Deine Lehre achtest!*

Manchmal wird die Predigtidee auch moderner formuliert und ist nicht mehr so eng am Wortlaut des Textes angelehnt. Bei Römer 1, 1-17 kommt J. Rose zu der Aussage: *"Wenn der Einfluß des Evangeliums das Wichtigste in der Gemeinde ist, dann ist die Kraft des Evangeliums in der ganzen Welt nicht mehr aufzuhalten".* Eine Auslegung von Römer 2, 1-29 könnte sein: *Diejenigen, die Gesetzlichkeit als Fahrschein in den Himmel ansehen, müssen sich nicht wundern, wenn sie in der Hölle ankommen.* In Römer 6, 1-14 geht es um die Rechtfertigung aus Glauben und die Meinung, daß es für viele Menschen eine Aufforderung zu sündigen sei, wenn man sie als gerechtfertigt bezeichnet. Paulus antwortet: *"Durch unsere Gemeinschaft mit Jesus Christus sind wir der Sünde abgestorben und lebendig gemacht worden, um rechtschaffen und heilig zu leben".* Ein leicht zu merkender Ausdruck für diese Aussage ist: *Du kannst nicht so weiterleben wie vorher, weil Du nicht mehr dieselbe Person bist wie vorher.*

In der Diskussion über das Essen von Opferfleisch (1.Kor.8) lehrt Paulus die Korinther, zuerst aus Liebe und nicht aus ihren Kenntnissen heraus zu handeln. Ein moderner Prediger faßt das Prinzip vielleicht so zusammen: *Bei verschiedenen Meinungen zu einer offenen moralischen Frage sollte man flexibel und in Liebe handeln.* Der zentrale Punkt beim Gleichnis vom barmherzigen Samariter könnte so formuliert werden: *Nächster ist jeder, dessen Bedürfnisse Du selbst bemerkst und*

Du selbst auch stillen kannst. Die Zusammenfassung von Jakobus 1, 1-16 klingt sehr wichtig: *Bei Deiner Reaktion auf Leiden geht es um Leben und Tod.* Eine Predigt über Johannes 3 wird vielleicht in dem Satz münden: *Sogar die Besten und Klügsten unter uns müssen wiedergeboren werden.*

Die Sprache dieser zusammenfassenden Aussage sollte ansprechend und herausfordernd zugleich sein, ohne aber sensationell zu wirken. Ist meine Sprache brillant? Gräbt sich die Aussage in das Herz meiner Zuhörer ein? Kann ich sie selbst gut in Erinnerung behalten? Ist sie es wert, behalten zu werden? Ist die Sprache geeignet, um moderne Menschen anzusprechen? Obwohl hier der persönliche Geschmack eine große Rolle spielt, ist es für den Prediger wertvoll, sich diese Fragen zu stellen.

Die kurze, inhaltsschwere und prägnante Fassung der zusammenfassenden Aussage ist der schwierigste Teil der Predigtvorbereitung. Intensive Studien des Bibeltextes und der Zuhörer sind die Voraussetzungen, um hier kreativ zu werden. Wenn der Prediger selbst denkt "Jetzt ist mir alles sonnenklar" hat er den Punkt erreicht, wo er eine Botschaft zum Predigen hat.

Worum ging es im vergangenen Kapitel?

Neuformulierung
Drei Grundfragen zur Entwicklung der Predigt
Zusammenfassende (homiletische) Aussage

Definitionen

Neuformulierung — eine Aussage wird in anderen Worten wiederholt, um sie deutlicher werden zu lassen oder zu betonen.

Drei Grundfragen zur Entwicklung der Predigt:

1. Was bedeutet diese Aussage? Forschen nach Erklärung.
2. Ist die Aussage heute noch gültig? Forschen nach der allgemeinen Gültigkeit, Wahrheit.
3. Wie kann ich diese Wahrheit in meinem Leben anwenden?

Forschen nach Folgerungen und Anwendungen.

Homiletische (zusammenfassende) Aussage

Darstellung einer biblischen Aussage, die einerseits auf der Bibel gegründet, andererseits auf das Verständnis der Zuhörer abgestimmt ist.

Übungen

Bestimmen Sie den Gegenstand (Thema) und seine Erläuterung in den folgenden Beispielen. Finden Sie heraus, ob der Text Fragen nach der Gültigkeit, Bedeutung oder Anwendung aufwirft.

1. Der Grund dafür, daß ein alter Hund keine neuen Tricks mehr lernt, ist nicht seine Lernunfähigkeit. Er ist einfach zufrieden mit der Beherrschung seiner alten Kunststückchen und denkt, daß neue Tricks nur etwas für junge Hunde sind. Außerdem ist er damit beschäftigt, die Raten für seine Hundehütte abzubezahlen.
"John W. Gardner "

Gegenstand:
Erläuterung:
Frage, die auftaucht:

2. Die machtvolle Stimme Gottes droht uns Strafe an. Dieselbe Stimme drückt Erbarmen mit denen aus, die zu ihm und auf

seinen Weg zurückkehren. Wir sollten ihr mit derselben Intensität und Ehrfurcht zuhören, mit der wir die Kraft eines Wasserfalls beobachten. Wir sollten Seine Wahrheit nicht beurteilen oder umarbeiten, sondern auf sie hören, sie aufnehmen, begreifen und uns ihr beugen.

Edith Schaeffer

Gegenstand:
Erläuterung:
Frage, die auftaucht:

3. Das beste Golf-Training im Winter ist, sich vor einen Spiegel zu stellen. Ein Spiegel, in dem Sie sich ganz sehen können, ist ein sehr brauchbares Übungsgerät. Sie können damit wesentliche Verfeinerungen üben und ihre Schlagbewegungen und Körperhaltungen beobachten.

New York Times

Gegenstand:
Erläuterung:
Frage, die auftaucht:

4. Ansteckender als ein Schnupfen und süchtig machender als harte Drogen ist der CB-Funk, der schon die Herzen von mehr als 15 Millionen Amerikanern erobert hat. Wenn diese Entwicklung anhält, wird CB-Funk bald so populär wie Sex sein. Ursprünglich auf Truck-Fahrer, Tagelöhner und andere harte Burschen begrenzt, erreicht der CB-Funk heute die intellektuell angehauchte Bevölkerung.

Gegenstand:
Erläuterung:
Frage, die auftaucht:

5. Ein Chinesischer Junge, der etwas über Jade wissen wollte, ging einmal zu einem weisen alten Lehrer. Dieser gab ihm ein Stückchen dieses Steins in die Hand mit der Aufforderung, es ganz fest zu halten. Dann sprach er über Philosophie, Männer, Frauen,

die Sonne und fast alles, was es sonst noch gibt. Nach einer Stunde ließ er sich den Stein zurückgeben und schickte den Jungen nach Hause. Dieses wiederholte sich wochenlang. Der Junge wurde immer enttäuschter - wann würde er endlich etwas über Jade erfahren? Aber er war zu höflich, um seinen verehrten Lehrer zu unterbrechen. Eines Tages, als der alte Mann wieder den Stein in die Hand des Jungen legte, rief der Junge sofort: "Das ist kein Jade!"

Gegenstand:
Erläuterung:
Frage, die auftaucht:

6. Rudolph Fellner erinnert seine Studenten an der Carnegie-Mellon Universität daran, daß "Melodien nur in deinem Kopf existieren. Was man hört, sind pro Zeiteinheit immer nur einzelne Töne einer Melodie." Musik ist die Kunst des Aufbaus und der Zusammensetzung von Klängen. Jeder Klang erhält seine Bedeutung durch den vorangegangenen. Sie ist nichts für Leute, die an Gedächtnisschwund leiden.

William Mayer

Gegenstand:
Erläuterung:
Frage, die auftaucht:

7. Wenn der Sicherheitsbeamte Frank Wills nicht die Tapetentür im Watergate-Büro bemerkt hätte, die am 17. Juni 1972 unverschlossen war, hätten wir vielleicht nie vom inneren Kreis der Nixon Administration erfahren, die für uns sehr fremde Moralvorstellungen hatte. Wer kann sagen, wohin der Mißbrauch der Macht geführt hätte, wenn dies nicht ans Licht der Öffentlichkeit gekommen wäre?
Obwohl man argumentieren kann, daß die grundsätzlichen Regierungsmaßnahmen und Programme im Blick auf Krieg, Frieden oder der Wirtschaft sich nicht wesentlich geändert hätten, wäre die Watergate Affäre unentdeckt geblieben, andererseits wären

wir heute doch Orwells "1984" zweifellos näher. Aber weil dem amerikanischen Volk die Augen geöffnet wurden für den Mißbrauch der Macht, zu einer Zeit, in der wir ohnehin sensibilisiert sind für die zentralistische, alles beherrschende und durchdringende Gewalt der Regierung, sind wir doch wohl weiter von 1984 entfernt, als vor zehn oder zwanzig Jahren.

Elliot L. Richardson

Gegenstand:
Erläuterung:
Frage, die auftaucht:

8. Die moderne Arbeitswelt hat viele traditionelle Merkmale verloren. Auch dem Spiel erging es so. Spiel ist immer mehr in organisierten Sport übergegangen, und Sport wurde immer mehr zur Arbeit. Mühsame Vorbereitungen (im Sinne von Arbeit) und wirtschaftliche Interessen haben diesen Prozeß vorangetrieben. Paradox ist, daß die Sportarten, die ursprünglich Berufszweige waren, z. B. Jagen und Fischen, heute am wenigsten Arbeit erfordern, sondern noch am ehesten als Spiel angesehen werden.

Sport and Society

Gegenstand:
Erläuterung:
Frage, die auftaucht:

(Antworten in Anhang 1.)

Die Kraft eines Zieles

Warum hältst du diese Predigt? Auf diese naheliegende Frage wird oft unsachgemäß geantwortet, z. B.: "Weil ich am Sonntag morgen um 9.30 Uhr predigen muß." Oder: "Letzte Woche habe ich über 1. Mose 21 gepredigt, also rede ich diese Woche über 1. Mose 22." Eine völlig unbestimmte Antwort ist: "Ich halte diese Predigt, weil ich die Menschen zum Nachdenken bringen will." Solche vagen Ziele führen zu Predigten, die einem hart gewordenen Biskuit gleichen, der zerteilt werden soll - er zerbröselt nach allen Seiten, aber keiner wird spürbar getroffen!

Ohne Ziel ist auch die brillanteste Predigt nichts wert. Der Prediger hat keine Ahnung, warum er eigentlich predigt. Stellen wir uns vor, wir würden eine Eishockeymannschaft fragen: "Was ist das Ziel eures Spiels?" Alles Mögliche passiert auf dem Eis - Schlittschuhlaufen, Kampf um den Puck, Austricksen des Gegners, Zusammenspiel, aber das Ziel des Hockeyspiels ist immer, mehr Tore als der Gegner zu erzielen. Wenn eine Mannschaft das nicht im Kopf hat, spielt sie nur zur Übung. Warum will ich diese Predigt halten? Auch bei einer Predigt geschieht einiges - Erklären, Illustrieren, Ermahnen, Auslegen, Gestikulieren. Aber er hat das Wesentliche versäumt, wenn ihm nicht klar ist, daß diese Predigt Menschen verändern sollte. A. W. Tozer bemerkt dazu sehr scharfsinnig:

"Es gibt kaum so etwas langweiliges und bedeutungsloses wie eine Predigt, die nur um ihrer selbst willen gehalten wird. Wahrheiten, die mit dem Leben nichts mehr zu tun haben, sind keine Wahrheiten im biblischen Sinne, sondern etwas weit weniger wichtiges . . . Keiner wird zu einem besseren Menschen dadurch, daß er weiß, daß Gott am Anfang Himmel und Erde erschaffen hat. Der Teufel weiß das, auch Ahab und Judas Iskariot wußten das. Keiner wird besser wenn er weiß, daß Gott die Welt so sehr geliebt hat, daß er seinen einzigen Sohn gab, der zur Erlösung seiner Schuld gestorben ist. In der Hölle gibt es Millionen, die das wissen. Theologische Wahrheiten sind nutzlos, wenn ihnen nicht gehorcht wird. Das Ziel aller Dogmen ist, moralische Verhaltensweisen hervorzurufen."

Phase 6 Festlegung des Ziels der Predigt

Das Ziel drückt aus, welche Veränderungen im Leben der Hörer man als Ergebnis der Predigt erwartet. Es unterscheidet sich von der Grundaussage der Predigt, wie sich ein Pfeil von der Zielscheibe unterscheidet, eine Reise vom Studium einer Landkarte oder Kuchenbacken vom Durchlesen eines Rezepts. So wie die Grundaussage der Predigt die biblische Botschaft wiedergibt, soll das Ziel angeben, wozu diese Botschaft dienen soll. "Eine Predigt ist nicht wie ein Böller, der abgefeuert wird, nur weil er Krach macht. Sie ist das Gewehr des Jägers. Bei jedem Schuß will er etwas treffen" (Henry W. Beecher). Das setzt natürlich voraus, daß der Jäger weiß, was er jagen will.

Wie legt der Prediger nun seine Ziele fest? Er tut das, indem er die Absicht aufdeckt, die hinter dem Bibeltext steht. Bei der Exegese sollte er sich fragen: "Warum hat der Autor das geschrieben? Welche Auswirkungen erhoffte er sich bei seinen Lesern?" Keiner der biblischen Autoren hat zur Feder gegriffen, nur um "einige angemessene Bemerkungen" zu einem religiösen Thema zu notieren. Jeder hat geschrieben, um Menschen zu beeinflussen. Als Paulus an Timotheus schrieb, tat er es, "daß du wissest, wie man wandeln soll in dem Hause Gottes, welches ist die Gemeinde des lebendigen Gottes, ein Pfeiler und eine Grundfeste der Wahrheit" (1 Tim 3, 15).

Judas änderte sein Anliegen, nachdem er begonnen hatte zu schreiben: "Ihr Lieben, nachdem ich ernstlich vorhatte, euch zu schreiben von unser aller Heil, hielt ich es für nötig, euch in meinem Brief zu ermahnen, daß ihr für den Glauben kämpft, der ein für allemal den Heiden überliefert ist" (Judas 3). Johannes hat seinen Bericht über das Leben Jesu geschrieben, "damit ihr glaubt, daß Jesus der Christus ist, der Sohn Gottes, und damit ihr durch den Glauben das Leben habt in seinem Namen" (Joh. 20, 31). Ganze Bücher der Bibel wurden geschrieben, um das Denken und Handeln der Leser zu beeinflussen. Deshalb findet eine bibelorientierte Predigt ihre Zielsetzung in dem biblischen Text selbst. Der Prediger muß zunächst herausfinden, warum der Text geschrieben wurde und sich dann überlegen, was Gott durch eine Predigt über diesen Text bei den Zuhörern von heute erreichen will.

Das Wort Gottes wurde uns gegeben, "daß der Mensch Gottes vollkommen sei, zu allem guten Werk geschickt" (2 Tim. 3, 17). Daraus folgt für einen Prediger, daß er den Zuhörern sagt, welche guten Werke oder welche Lebensqualitäten sich aus der Predigt ergeben. Wir erreichen dieses Ziel, sagte Paulus zu Timotheus, indem wir (1) lehren, (2) Schuld aufdecken, (3) Fehler korrigieren und (4) Menschen zur Gerechtigkeit erziehen. Lehrer und Erzieher wissen, daß Ziele beobachtbare Verhaltensweisen sind, die aufgrund des Unterrichts oder der Erziehung entstehen sollen. Die Formulierung eines Ziels enthält nicht nur das Ziel selbst und den Weg dorthin, sondern nach Möglichkeit auch einen Vorschlag, wie ich das Erreichen des Ziels überprüfen kann. Wenn wir nicht wissen, wohin wir wollen, dürfen wir uns nicht wundern, wenn wir nirgendwo ankommen (vgl. die Lerntheorien von Robert F. Mager).

Roy B. Zuck hat einige Verben aufgelistet, die sich zur Zielformulierung eignen. Er hat sie in die Bereiche Wissen und Verständnis und Einstellung und Fähigkeit eingeteilt. (Tafel 1)

Obwohl eine Predigt sich erheblich von einer Vorlesung unterscheidet, wird sie doch direkter und wirksamer, wenn man ihr Ziel wie einen Unterrichtsgegenstand formuliert, z. B:

Der Zuhörer soll die Rechtfertigung aus dem Glauben verstehen und eine einfache Definition dieser Lehre aufschreiben können. (Dabei ist es nicht so wichtig, ob die Zuhörer die Definition wirklich aufschreiben, wichtig ist, daß die Predigt sie dazu in die Lage versetzt.)

* Der Zuhörer soll die Geistesgaben aufzählen können und seine eigenen Gaben erkannt haben.
* Der Zuhörer soll mindestens einen Namen eines Nichtchristen aufschreiben können und sich entschließen, für diese Person täglich in den nächsten zwei Wochen zu beten. (Wenn er das zwei Wochen lang durchhält, besteht eine größere Chance, daß er es auch einige Monate lang schafft.)
* Meine Zuhörer sollen sich eine moralisch neutrale Situation ausdenken, wo Christen verschiedener Meinung sind. Sie sollen

fähig sein, die Situation zu durchdenken und sich zu entscheiden, wie sie persönlich handeln würden.

* Die Zuhörer sollen verstehen, wie Gott sie liebt, und erklären können, welche Sicherheit ihnen diese Liebe gibt.
* Christen sollen erklären können, wie man Christ wird und sich für die kommende Woche vornehmen, mindestens einem anderen Menschen von Jesus Christus zu erzählen.
* Die Zuhörer sollen davon überzeugt sein, daß es notwendig ist, in der Bibel zu lesen und sich eventuell zu einem Bibelkurs anmelden.

Ziele zu formulieren, die meßbare Ergebnisse beschreiben, zwingt den Prediger, über die Einstellungen und Verhaltensweisen seiner Zuhörer, die sich ändern sollen, nachzudenken. Dies wiederum hilft ihm, konkrete Anwendungsbeispiele zu finden. Zuletzt, wenn eine Predigt nichts verändert, muß einiges an ihr geändert werden!

David Smith, ein schottischer Prediger, beschreibt eine Predigt als "Rede, die mit einer Aufforderung endet". Eine effektive Möglichkeit, das Ziel mit der Predigt zu verbinden, besteht darin, eine Zusammenfassung mit dem Ziel vor Augen zu schreiben. Wir können uns besser konzentrieren, wenn wir zu Beginn einer Predigt genau wissen, worauf wir hinauswollen.

Worum ging es im vergangenen Kapitel?

Ziel
Meßbares Ergebnis

Definitionen

Ziel

die Erwartung, was sich bei den Zuhörern verändern sollen, nachdem sie die Predigt gehört haben.

Meßbares Ergebnis

Das Ziel der Predigt soll so formuliert sein, daß es durch sichtbare Verhaltensweisen verwirklicht werden kann.

Form und Aufbau der Predigt

Samuel Johnson sagte einmal sehr treffend: "Menschen müssen genauso oft an Bekanntes erinnert werden, wie sie über etwas Neues informiert werden." Deshalb soll jetzt eine kurze Rückschau über das stattfinden, was bisher gesagt wurde. Am Anfang einer Predigtvorbereitung steht die Auswahl und das Studium des Bibeltextes. Das Ergebnis ist die Auslegung des Textes, die klar ausdrücken soll, worüber der Autor schreibt und was er aussagt. Danach wird versucht, diese biblische Aussage in Verbindung mit dem Zuhörer von heute zu bringen. Dazu dienen die drei Fragen: Was bedeutet diese Aussage? Ist diese Aussage heute noch gültig? Wie kann ich diese Wahrheit in meinem Leben anwenden? Aus der Behandlung dieser Fragen ergibt sich die Formulierung der aktuellen Aussage. Sie bringt die biblische Aussage in Verbindung mit dem modernen Menschen und wird zur Kernaussage der Predigt. Außerdem wird das Ziel der Predigt festgelegt.

An dieser Stelle sollten wir also wissen, worüber und warum wir predigen. Die Frage, die sich nun stellt, ist: Wie kann ich das Ziel erreichen? Welchen Aufbau soll die Predigt haben?

Phase 7 Überlege deine Kernaussage und frage dich, wie du sie behandelst, damit du dein Ziel erreichst.

Genau wie jede Aussage erklärt, geprüft und angewendet werden muß, ist es auch nötig, die Kernaussage einer Predigt zu erklären, zu prüfen oder anzuwenden.

1. Erklärung einer Aussage

Manchmal muß die Kernaussage erklärt werden, z. B. wenn es um Dogmen geht. Eine Tatsache, die ausreichend erklärt wird, kann auch umgesetzt werden. Wenn ein Auto z. B. humpelnd zum Stehen kommt, weil ein Reifen geplatzt ist, muß der Reifen gewechselt werden. Wenn du aber nicht weißt, wie man einen Reifen wechselt, ist deine größte Not, daß du eine Anleitung dazu bekommst. Nun, da stehst du am Straßenrand vor deinem platten Reifen und hörst aufmerksam die Anweisung zum Reifenwechseln. Hast du nun die Erklärung verstanden, bist du vermutlich motiviert, die Schrauben zu lösen, das Auto hoch zu kriegen und den Reifen auszuwechseln. Das Beispiel soll zeigen, daß die klare, deutliche Erklärung eines Bibelabschnitts für die Zuhörer oft der wichtigste Beitrag zu einer Predigt ist.

Eine alte Predigtregel, die noch immer beachtet werden sollte, lautet: "Sage, worüber Du reden wirst; dann rede was du sagen willst; und abschließend rede über das, was Du gesagt hast." In der Einleitung stellen wir die Kernaussage vor, im Hauptteil der Predigt wird sie zerteilt und analysiert und zum Abschluß wird sie nochmals wiederholt. Solch ein Aufbau gewinnt durch Klarheit mehr als er etwa an Spannung verlieren könnte.

Alexander MacLaren gibt uns dazu ein Beispiel in einer Predigt über Kolosser 1, 15-18: *"Er ist das Ebenbild des unsichtbaren Gottes, der Erstgeborene vor aller Schöpfung. Denn in ihm ist alles geschaffen, was im Himmel und auf Erden ist, das Sichtbare und das Unsichtbare, es seien Throne oder Herrschaften oder Reiche oder Gewalten; es ist alles durch ihn und zu ihm geschaffen. Und er ist vor allem und es besteht alles in ihm. Und er ist das Haupt des Leibes, nämlich der Ge-*

meinde; er ist der Anfang, der Erstgeborene von den Toten, damit er in allem der Erste sei."

In der Predigt sagt MacLaren: *"Mein Bestreben ist nicht so sehr , die Worte des Paulus auf Wahrheit zu prüfen sondern sie zu erklären und sie eindringlich zu machen."* Sein Thema ist, *warum Jesus Christus der Höchste über allen Kreaturen und Dingen ist,* und die Erläuterung beschäftigt sich *mit Jesu Beziehung zu Gott, zur Schöpfung und zur Gemeinde.* Indem er diese Gedanken erklärt, motiviert MacLaren seine Zuhörer, Christus an die erste Stelle ihres Lebens zu setzen.
Wie geht er dabei vor?

Zunächst nennt er die Kernaussage zweimal in der Einleitung. *"Christus überbrückt die Kluft zwischen Gott und Mensch. Es sind keine schattenhaften Wesen nötig, um Himmel und Erde zu überbrücken. Jesus Christus verbindet Himmel und Erde. Er ist Kopf und Quelle des Lebens für seine Gemeinde. Deshalb sollte er der Erste sein, dem man zuhört, den man liebt und verehrt."*

Die gesamte Predigt handelt davon. Im nächsten Abschnitt bringt MacLaren diese Gedanken in abgekürzter Form zum zweiten Mal: *"Es gibt hier im Text drei Aussagen über die Beziehungen, die Christus eingeht. Es ist die Rede von Christus und Gott, Christus und der Schöpfung, Christus und der Gemeinde. Über die Beziehungen zur Schöpfung und zur Gemeinde wird gesagt, daß er der Erste ist in allen Bereichen."*

Im Hauptteil der Predigt erklärt MacLaren, wie diese Beziehungen aussehen. Anknüpfend an die Einleitung, verläuft die Predigt folgendermaßen:

I. Die Beziehung von Christus zu Gott besteht darin, daß er "das Ebenbild des unsichtbaren Gottes" ist (Kol 1, 15).
- A) Gott selbst ist unbegreiflich und unerreichbar.
- B) Christus ist das perfekte Ebenbild Gottes.
  1. Durch ihn wird der Unsichtbare sichtbar.
  2. Er allein gibt uns die feste Gewißheit, daß er uns in den Schwierigkeiten des Lebens Kraft gibt.

II. Die Beziehung von Christus zur Schöpfung besteht darin, daß er "der Erstgeborene vor aller Schöpfung" ist (Kol 1, 15-17).

A) Christus ist der Vertreter für alle Geschöpfe. Die Ausdrücke, die Paulus benutzt, beschreiben, daß er die erste Existenz ist und der Höchste über allem.

B) Christus unterhält eine Vielzahl von Beziehungen zum Universum. Das wird deutlich durch die verschiedenen Präpositionen, die Paulus verwendet.

III. Die Beziehung von Christus zu seiner Gemeinde besteht darin, daß er "das Haupt des Leibes" ist, "der Anfang ... der Erstgeborene von den Toten" (Kol. 1, 18).

A) So wie am Anfang das Wort Gottes war, durch das die Welt geschaffen wurde, steht Christus am Anfang der Gemeinde. Er ist der "Erstgeborene" von beiden.

B) Als "Haupt des Leibes" ist er die Quelle und der Mittelpunkt des christlichen Lebens.

C) Als der "Anfang" der Gemeinde durch seine Auferstehung, ist er die Macht, durch die Gemeinde entstanden ist und sich ausbreiten wird.

Schluß "Der Apostel schließt damit, daß Christus in allen Dingen der Erste ist- und alle Dinge existieren, auf daß er der Erste sein darf. Die Vorherrschaft Christi, ob natürlich oder durch Gnade, ist absolut und überragend.... Deshalb lautet die Frage aller Fragen für uns, was Christus für uns bedeutet. Ist er nur ein Name für uns? ... Glücklich sind wir, wenn wir Jesus die Vorherrschaft über unser Leben geben und wenn unsere Herzen ihn an die erste Stelle, ihn an die letzte, ihn in die Mitte und ohne Ende setzen."

In der gesamten Predigt beantwortet MacLaren nur die eine Frage: "Was bedeutet dieser Text?"

2. Überprüfung einer Behauptung

Manchmal haben Predigten eine andere Form und es geht mehr um die Prüfung als um die Erklärung der Kernaussage. In diesen Fällen taucht in der Einleitung eine Behauptung auf, die der Prediger beweisen will. Es geht dann um die Fragen: Ist das heute noch gültig? Warum soll ich das glauben? Weil der Prediger dabei in der Position eines Verteidigers ist, werden die Punkte seiner Predigt zu *Begründungen* und *Beweisen*, um seine Behauptung zu stützen.

Ein Beispiel dazu liefert uns Paulus im 1. Korintherbrief. In Kapitel 15, 12-19 geht es um die Auferstehung. Paulus behauptet, daß die Korinther nicht an die Auferstehung Jesu glauben können, wenn sie darauf bestehen, daß es keine Auferstehung gibt. Eine Predigt über die Verse 12-19 hat die Behauptung zu stützen, daß *der christliche Glaube nichts wert ist, wenn Christus nicht von den Toten auferstanden ist.* Der Prediger muß die Zuhörer davon überzeugen, daß das Dogma der Auferstehung im Zentrum des Christentums steht.
Die Gliederung einer solchen Predigt könnte folgendermaßen aussehen:

I. Wenn Christus nicht auferstanden ist, fehlt dem christlichen Glauben der wesentliche Inhalt (V.12-14).
  A) Wenn es keine Auferstehung gibt, ist auch Christus nicht auferstanden.
  B) Wenn Christus nicht auferstanden ist, ist das Evangelium eine Täuschung.
  C) Wenn das Evangelium nur eine Täuschung ist, dann hat unser Glaube an das Evangelium keine Grundlage.

II. Wenn Christus nicht auferstanden ist, sind die Apostel als Lügner zu bezeichnen (V.15).
  A) Wenn die Apostel die Auferstehung predigen, obwohl es diese gar nicht gibt, sind alle "falsche Zeugen".
  B) Sie sind der schlimmsten Lüge schuldig, wenn sie ein falsches Zeugnis über Gott ablegen, indem sie behaupten, daß er Christus von den Toten auferweckt habe.

III. Wenn die Toten nicht auferstehen, dann ist der christliche Glaube vergeblich (V.16,17).
  A) Wenn die Auferstehung Christi nicht stattgefunden hat - was dann der Fall wäre, wenn es gar keine Auferstehung von den

Toten gäbe - dann hat der Tod Christi auch keine Auswirkungen auf uns.

B) Christen wären dann immer noch in ihren Sünden verhaftet. Ein toter Erlöser ist gar kein Erlöser.

IV. Wenn Christen nicht auferstehen, haben sie keine Hoffnung (V.18,19).

A) Wenn es keine Auferstehung gibt, dann ist auch Jesus nicht auferstanden, und sein Tod hatte keinen Sinn.

B) Daraus würde folgen, daß tote Heilige wirklich tot sind.

C) Christen, die in Erwartung des ewigen Lebens für Christus leiden, müßten bemitleidet werden. Ohne Auferstehung ist ihre Hoffnung nur ein Wunschdenken.

Schluß Die Auferstehung von den Toten ist das entscheidende Dogma des Christentums. Wenn es falsch ist, fällt das gesamte System des christlichen Glaubens in sich zusammen, und das Evangelium hätte der Welt nichts anzubieten. Dadurch daß Christus auferstanden ist, haben die Tatsache der Auferstehung und der christliche Glaube eine feste Grundlage.

Beim ersten Hinsehen meint man vielleicht, daß die Erklärung und die Prüfung einer Kernaussage dasselbe sind, weil beide Predigten die Kernaussage in der Einleitung bringen und dann weiterentwickeln. Genauer betrachtet fällt auf, daß sich die Predigten in verschiedene Richtungen weiterentwickeln, um unterschiedlichen Zielen zu dienen.

3. Anwendung eines Prinzips

Eine dritte Form ergibt sich durch die Frage nach der Anwendung: Wie kann ich die Kernaussage in meinem Leben anwenden? Hierbei bringt der Prediger ein Prinzip entweder in der Einleitung oder im ersten Hauptpunkt zur Sprache, und im Verlauf der Predigt erläutert er die Konsequenzen.

Eine Gliederung einer solchen Predigt kann man aus 1.Petrus 2,11 - 3,9 gewinnen. In der Einleitung dieser Predigt wird diskutiert, wie Einstellungen unsere Verhaltensweisen beeinflussen können. Dann wird die Frage gestellt: Welche Einstellung sollten wir zu einer Welt haben, die Gott und seine Gnade ablehnt? Das Ziel der Predigt ist, daß *Christen eine dienende Haltung in ihren sozialen Beziehungen entwickeln sollen.* Das Prinzip, das angewendet werden soll, erscheint im ersten Abschnitt.

I. Wir sollen allen menschlichen Ordnungen um Christi willen untertan sein (Kap.2,11-12, 21-25).

A) Unterordnung macht Gott Ehre (2, 11-12).

B) Christus selbst ist ein Beispiel für Unterordnung unter Mächte, die ihm Böses wollten (2, 21-25).

1. Er war vollständig ohne Sünde (V 22).
2. Er blieb still und vertraute sich Gott an (V 23).
3. Seine Leiden waren die Erlösung für uns (V 24, 25).

(Was für einen Unterschied soll dieses Prinzip im täglichen Leben bewirken?)

II. Prinzip der unterordnenden Haltung um Christi willen soll uns in unseren sozialen Beziehungen leiten (2,13-20; 3,1-7).

A) Wir sollen uns politischen Herrschern um Christi willen unterordnen (2, 13-17).

B) Wir sollen uns um Christi willen unseren Arbeitgebern unterordnen (2, 18-20).

C) Wir sollen uns um Christi willen unseren Ehepartnern unterordnen (3, 1-7).

1. Frauen sollen einen Geist der Unterordnung gegenüber ihren Männern haben. (V 1-6).
2. Männer sollen einen Geist der Unterordnung gegenüber ihren Frauen haben. (V 7).

Schluß "Endlich sind allesamt gleichgesinnt, mitleidig, brüderlich, barmherzig, demütig. Vergeltet nicht Böses mit Bösem oder Scheltwort mit Scheltwort, sondern segnet vielmehr, weil ihr dazu berufen seid, daß ihr den Segen ererbt" (3,8-9).

4. Erläuterung eines Themas

Eine vierte Predigtform präsentiert nur das Thema, nicht aber die Grundaussage in der Einleitung. Es wird dann in den einzelnen Punkten erläutert und vervollständigt. Diese Form ist wahrscheinlich die meist gebräuchliche, und viele Prediger, die einfach und ehrlich predigen, benutzen nie eine andere.

In der Hand eines begabten Predigers kann diese Predigtform ein Gefühl von Spannung bis zu einem absoluten Höhepunkt aufbauen. Ein Beispiel dazu gibt uns James S. Stewart in einer Auslegung zu Hebräer 12, 22-25. In der Einleitung nennt Stewart sein Thema. Der Schreiber des Hebräerbriefs "sagt fünf Dinge zur Gemeinschaft der Christen und zum Gottesdienst in der Gemeinde". Das Ziel der Predigt ist, "den Reichtum unseres Erbes zu erkennen, wenn wir in der Gemeinschaft und der gemeinsamen Anbetung bleiben". Jeder Punkt der Predigt trägt nun dazu bei, dieses Subjekt zu erläutern.

I. Unsere Gemeinschaft ist geistlich: "Sondern ihr seid gekommen zu dem Berge Zion und zu der Stadt des lebendigen Gottes, dem himmlischen Jerusalem" (V.22). Christen haben direkten Zugang zu dieser geistlichen Welt, welche die einzige wirkliche Realität ist.

II. Unsere Gemeinschaft ist universal: "Ihr seid gekommen zu der Versammlung und Gemeinde der Erstgeborenen, die im Himmel aufgeschrieben sind" (V.23). Christen gehören der größten Gemeinschaft auf Erden an, der universellen Kirche.

III. Unsere Gemeinschaft ist unsterblich: "Ihr seid gekommen zu den vielen tausend Engeln . . . und zu den Geistern der vollendeten Gerechten" (V.22,23). Wenn Christen gemeinsam Gott anbeten, sind ihre geliebten in Christus Verstorbenen ihnen nahe, und es umgibt sie eine Wolke von Zeugen.

IV. Unsere Gemeinschaft ist auf Gott hin ausgerichtet: "Ihr seid gekommen zu Gott, dem Richter über alle . . . und zu dem Mittler des neuen Bundes, Jesus" (V.23,24). Unsere Anbetung hat damit ihren zentralen Punkt erreicht, sagt uns Stewart. Wir kommen zu Gott als die Erlösten in Jesus Christus.

V. Unsere Gemeinschaft ist erlöst: "Ihr seid gekommen . . . zu dem Blut der Besprengung, das besser redet als Abels Blut" (V.24). "Wenn unsere Sünden zu Gott nach Bestrafung und Vergeltung schreien, geschieht noch etwas anderes - das Blut Christi ist lauter, überwältigt das laute Geschrei unserer Sünden und bringt es zum Schweigen, und Gott vergibt uns um Christi willen."

Stewart bringt keine formelle Zusammenfassung seiner Predigt, aber sein letzter Punkt dient dazu, die Predigt zu einem wirkungsvollen Abschluß zu bringen. Bemerkenswert ist, daß jeder einzelne Punkt der Predigt sich auf das Thema bezieht und nicht auf den vorhergehenden Punkt, um dieses zu erläutern.

5. Erzählen einer Geschichte

Eine Predigt kann die Kernaussage auch dadurch vermitteln, daß der Prediger mit viel Einfühlungsvermögen und Vorstellungskraft eine biblische Geschichte erzählt. Leider wird oft gedacht, daß Geschichten nur etwas für Kinder sind und daß reife Erwachsene die biblischen Prinzipien lieber direkt, ohne Zuckerguß hören wollen. Deshalb verbannen wir Geschichten in die Kindheit, oder wir lesen sie höchstens im Urlaub, um die Zeit zu vertreiben.

Das Image, das Geschichten bei uns haben, muß aufgewertet werden, weil wir bei uns und anderen immer wieder beobachten, wie stark uns Erzählungen beeindrucken. Das Fernsehen lebt von Spielfilmen. Einige sind kitschig, einige anrüchig, einige zweifelhaft, einige wertvoll - alle aber sind für die Zuschauer irgendwie attraktiv und beeinflussen deren Grundwerte. Die Zukunft unserer Kultur hat mit den Geschichten zu tun, die sich tief in die Vorstellungswelt dieser Generation und ihrer Kinder eingraben.

Wer die Bibel liebt, muß Geschichten für wertvoll halten, denn die Bibel ist ein Geschichtenbuch. Die ganze Theologie des Alten Testaments ist in Erzählungen über Männer und Frauen verpackt, die von Gott davonlaufen um ihre selbst geschaffenen Götzen zu verehren oder Menschen, die ihr Leben ganz dem einen wahren Gott anvertrauten. Jesus selbst erzählte auch Geschichten, von denen viele kulturelles Allgemeingut geworden sind. Er war ein solch brillanter Geschichtenerzähler, daß wir die tiefschürfende Theologie in seinen Erzählungen über einen rebellischen Verbrecher und dessen unausstehlichen Bruder, über die gottesfürchtigen Pharisäer, über vergrabene Schätze, über den Geschäftsmann, der eine unerwartete Begegnung mit dem Tod hat, oft gar nicht ohne weiteres erkennen.

Eine erzählende Predigt sollte jedoch nicht die Einzelheiten einer Geschichte wiedergeben, wie man einen alten, abgedroschenen Witz erzählt, bei dem die Pointe schon bekannt ist. Auch in dieser Predigtform geht es um die Vermittlung einer grundlegenden Aussage, die durch andere Gedanken gestützt wird. Aber diese Aussage ergibt sich direkt durch die Ereignisse in der Geschichte. Anders ausgedrückt, sollen die Einzelheiten einer Geschichte zu einem zentralen Punkt zusammenlaufen, aus dem dann die Kernaussage der Predigt entwickelt werden soll. Erzählungen sind dann am wirksamsten, wenn die Zuhörer die Geschichte hören und selbst Schlußfolgerungen ziehen, ohne daß der Prediger sie direkt sagen muß. Der Filmproduzent Stanley Kubrick meint zur Wirkung einer indirekten Aussage:

"Die wichtigste Aufgabe der Dramaturgie ist, den Zuschauern eine Aussage zu übermitteln, ohne diese direkt zu formulieren. Wenn man etwas direkt sagt, ist es ganz einfach nicht so überzeugend als wenn die Leute es selbst entdecken." Es hängt von der Fähigkeit des Predigers, dem Ziel der Predigt und den Vorkenntnissen der Zuhörer ab, ob die Kernaussage direkt oder indirekt ausgedrückt werden soll. Auf jeden Fall sollte die Geschichte so entfaltet werden, damit sich die Zuhörer mit den Gedanken, Motiven, Gefühlen und Reaktionen der biblischen Personen identifizieren können und durch diesen Prozeß Einsicht in sich selbst gewinnen.

6. Andere Predigtformen

Eine Predigt kann induktiv, deduktiv oder durch eine Kombination beider Methoden gestaltet werden. In einer deduktiven Predigt wird die Kernaussage in der Einleitung genannt. Der Hauptteil der Predigt beschäftigt sich dann damit, diese Aussage zu erklären, zu prüfen oder anzuwenden (siehe Abb.1). Die ersten drei Predigtformen dieses Kapitels sind deduktiv. Bei einer induktiven Vorgangsweise wird in der Einleitung nur der erste Punkt der Predigt abgehandelt. Danach baut sich jeder weitere Punkt mit einem kräftigen Übergang auf dem vorangegangenen auf, bis dann in der Schlußfolgerung die Kernaussage formuliert wird (siehe Abb.1). Eine induktive Predigt ergibt sich auch durch eine Reihe von sich verstärkenden Beispielen, die zusammengefaßt ein allgemeines Prinzip ergeben.

Induktive Predigten wecken beim Zuhörer die Entdeckerfreude. Sie haben das Gefühl, die Kernaussage der Predigt selbst zu entdecken. Solche Predigtformen sind auch sehr geeignet für indifferente oder feindselige Zuhörer, die nur darauf warten, die Folgerungen des Predigers abzulehnen. Als Petrus seine Pfingstpredigt vor Menschen hielt, die Jesus gekreuzigt hatten, wählte er die induktive Form. Gott benutzte diese Predigt, um 5.000 Menschen zum Glauben an Jesus Christus, den Herrn und Erlöser zu führen.

Eine Predigt kann auch durch eine Kombination von Induktion und Deduktion aufgebaut werden. Einleitung und erster Hauptpunkt führen dabei zur Kernaussage der Predigt, die im weiteren Verlauf deduktiv erklärt, geprüft oder angewendet wird (siehe Abb. 1).

Eine Variation der induktiv-deduktiven Form ist die Untersuchung eines Problems. Diese persönliche oder ethische Frage wird in der Einleitung oder im ersten Hauptpunkt genannt, die Ursache wird erforscht, und möglicherweise werden auch unangemessene Lösungswege diskutiert. Der zweite Hauptpunkt beinhaltet dann den Vorschlag eines biblischen Prinzips zu dieser Frage, der in der restlichen Predigt erklärt, verteidigt oder angewendet wird. Solche Predigten können sich auch mit normalen Lebenssituationen auseinandersetzen. Die Einleitung handelt dabei von einer Frage, einem Problem oder einer Erfahrung, die aus dem Leben gegriffen wurde und jeden angeht, wie z. B. Depression oder Leid. Danach wird erläutert, daß dieser spezielle Fall auf eine allgemeine theologische oder philosophische Fragestellung zurückzuführen ist. Den Schluß bildet eine positive biblische Lösung, die direkt anwendbar ist. Diese Predigten bilden Brücken zwischen persönlichen Problemen auf der einen Seite und biblischen Aussagen auf der anderen Seite.

Predigten können viele Formen haben, wobei die hier genannten nur Vorschläge und kein Zwang sein sollen und keinesfalls alle Möglichkeiten ausschöpfen. Die Kernaussage des Textes und die Ziele, die der Prediger verfolgt, sollen ihre eigene, angemessene Form in der Hand des Predigers finden. Um die Form auf ihre Eignung zu testen, sollten zwei Fragen gestellt werden:

(1) vermittelt diese Form das, was der Text ausdrückt?

(2) Wird dadurch mein Ziel für die Hörer der Predigt erreicht?

Kernaussage und Ziel sollten durch die Form der Predigt vermittelt werden. Wenn eine Form die Botschaft unterstützt, sollte man sie auf alle Fälle verwenden; wenn sie aber ein Hindernis darstellt, dann sollte man sich eine andere Form überlegen, die dem Gedanken und Zweck der Schrift entspricht.

Abbildung 1

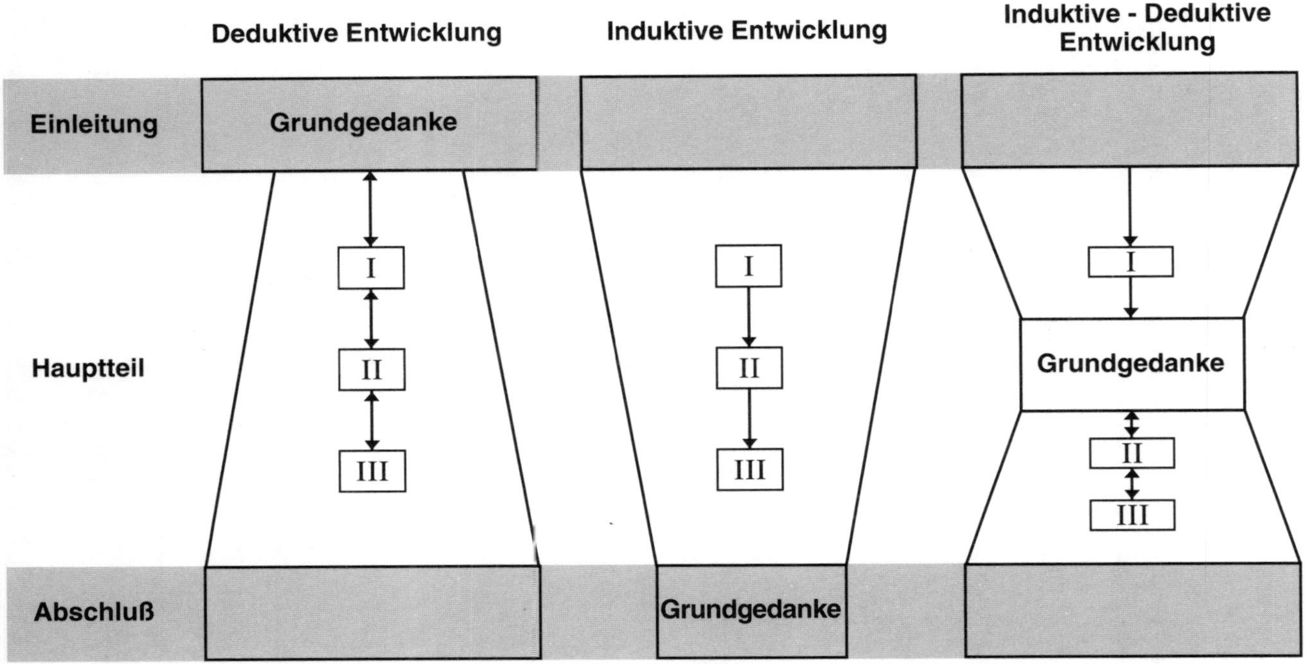

Deduktive Entwicklung
Induktive Entwicklung
Induktive - Deduktive Entwicklung
Einleitung
Hauptteil
Abschluß
Grundgedanke
I
II
III
Grundgedanke
I
II
III
Grundgedanke
I
II
III

Phase 8 **Nachdem du entschieden hast, wie du die homiletische Aussage entwickelst, um dein Ziel zu erreichen, entwirf eine Gliederung der Predigt.**

Wenn ein Architekt ein Haus entwirft, macht er sich zuerst Gedanken über dessen Funktion (Wie wird das Haus genutzt?) und Aussehen (Wie soll das Haus aussehen?) Er überträgt seine Gedanken in einen Plan, der das Haus in allen Einzelheiten bis hin zu den Materialien wie Stein, Glas, Beton usw. zeigt.

Auch der Prediger muß für seine Predigt einen Plan anfertigen, nachdem er die biblische Wahrheit und die Nöte seiner Zuhörer durchdacht hat. Ein Inhalt kann zwar ohne eine Form existieren, aber die Struktur verhilft einer Predigt zu Übersichtlichkeit, Einheitlichkeit und Logik. Gewiß, ist eine klare Gliederung niemals schuld an einer mißlungenen Predigt.

Es gibt vier Gründe, die für eine Gliederung sprechen:

1. Sie klärt für den Prediger die Beziehungen zwischen den einzelnen Teilen der Predigt.
2. Der Prediger sieht seine Predigt als Ganzes. Das stärkt sein Bewußtsein für Einheitlichkeit.
3. Eine Gliederung kristallisiert die Gedanken so, daß es den Zuhörern möglich ist, die logische Reihenfolge nachzuvollziehen.
4. Der Prediger erkennt auf einen Blick, wo noch Lücken sind oder wo die Predigt zusätzliche Argumente, Beispiele etc. braucht.

Manchmal muß die Reihenfolge der Aussagen in der Gliederung noch einmal geändert werden. Das ist z. B. dann der Fall, wenn der biblische Autor wegen seiner damaligen Zuhörer bzw. Leser eine induktive Form benutzte, es heute aber angebrachter ist, deduktiv vorzugehen. Predigten über die Briefe des Neuen Testaments sind meistens leichter zu gliedern als Gedichte, Gleichnisse oder Erzählungen. Wenn der Prediger es nicht lernt, flexibel im Aufbau seiner Predigten zu sein, wird er es nicht schaffen, den Sinn einiger Teile der Bibel seinen Zuhörern zu vermitteln. Das Nachwort zu den Sprüchen z. B. ist logisch nicht zu gliedern. Sprüche 31, 10-31 enthält eine Beschreibung der Qualitäten einer guten Hausfrau von Aleph bis Tau, was dem A bis Z des hebräischen Alphabets entspricht. Für die hebräischen Zuhörer war solch eine Einteilung gut zu merken, für uns ergibt sie keinen Sinn. Ein Prediger muß heutzutage eine eigene Gliederung zu diesem Text finden.

Gliederungen bestehen gewöhnlich aus Einleitung, Hauptteil und Schluß. Einleitungen (die noch ausführlicher besprochen werden) stellen das Thema, die Kernaussage oder den ersten Punkt der Ausführungen vor. Der Hauptteil führt das Thema aus, und der Schluß (der auch später noch behandelt wird) faßt das Thema zusammen und beendet die Predigt.

Nicht alle Punkte einer Predigt haben dieselbe Bedeutung. Es gibt wichtige und weniger wichtige Argumente. Die fundamentalen Aussagen bilden die Hauptpunkte und ergeben das Gerüst, um das die anderen Punkte gereiht werden. Sie werden mit römischen Ziffern gekennzeichnet, z.B.:

I. Wir sollen Gott loben, weil er uns in Christus erwählt hat (Eph. 1, 4-6).
II. Wir sollen Gott loben, weil er uns gnädig ist (1,7-12).
III. Wir sollen Gott loben, weil er uns mit dem Heiligen Geist versiegelt hat, bis wir im vollständigen Besitz unserer Erbschaft sind (1, 13-14).

Eine Auflistung dieser 3 Punkte, ergibt noch keine Predigt. Sie müssen ausgeführt und erklärt werden, andere Unterpunkte kommen hinzu. Unterpunkte werden mit Buchstaben bezeichnet.

I. Wir sollen Gott loben, weil er uns in Christus erwählt hat (Eph. 1, 4-6).
   A) Er hat uns erwählt, ehe die Welt erschaffen war (V.4).
   B) Er hat uns erwählt, weil er uns durch Adoption zu seinen Kindern machen will.
   C) Er hat uns erwählt zum Lobe seiner herrlichen Gnade (V.6).

Diese Unterpunkte verfeinern die Gliederung und machen die Ausführungen klarer und genauer. Es können aber noch weitere Einzelheiten für die Predigt notwendig werden, die durch weitere Untergliederungen in arabischen Ziffern eingefügt werden.

II. Wir sollen Gott loben, weil er uns gnädig ist (1,7-12).
- A) Er hat uns unsere Sünden durch Christi Blut vergeben (V.7).
- B) Er hat uns Weisheit gegeben, die Geheimnisse seines Willens zu verstehen (V.8-10).
  1. Sein Wille wird in der Person Jesu Christi deutlich (V.8-9).
  2. Sein Wille zeigt sich dadurch, daß in Christus einst alle Dinge vereint werden.

Mit jeder Unterteilung der Gliederung wird der Inhalt der Predigt durchsichtiger. Auch jemand, der den Bibeltext nicht kennt, kann die Gliederung lesen und dabei Gedanken vom Aufbau und Entwicklung der Predigt gewinnen.

Ist eine zusätzliche Gliederung notwendig, wird sie durch Kleinbuchstaben oder weitere Zeichen angezeigt. Die Gliederung einer Predigt sollte im Vergleich zu einer Dissertation klar sein und relativ wenige Punkte umfassen. Wenn sie zu kompliziert ist, wird sie nur das Auge beeindrucken, aber die Zuhörer verwirren.

Die Punkte einer Gliederung sollten als ganze Sätze formuliert werden, weil sie Aussagen repräsentieren. Sind aber nur vage Worte oder unvollständige Phrase als Punkte niedergeschrieben, kann es passieren, daß uns unsere Gedanken wie ein schlüpfriger Fußball entgleiten. Eine verkürzte Gliederung mag zwar beim eigentlichen Vortrag hilfreich sein, aber sie verfehlt ihren Zweck bei der Predigtvorbereitung.

Die Gliederungspunkte sollten als Aussagen, nicht als Fragen formuliert werden. Durch Fragen lassen sich keine Beziehungen aufzeigen, weil sie keine Grundgedanken sind. Die Punkte einer Gliederung sollten daher Fragen beantworten, nicht aufwerfen. Fragen können dann beim Vortrag benutzt werden, um zu einem neuen Punkt überzuleiten. Sie sollten in Klammern gesetzt werden und können dem neuen Gliederungspunkt vorangehen.

Auch wenn die Predigt gut gegliedert ist, werden die Zuhörer doch hauptsächlich den Inhalt hören und nicht die dahinter stehende Gliederung. Deshalb sind überleitende Fragen so wichtig, weil sie den Zuhörern die Beziehungen zwischen den einzelnen Punkten verdeutlichen und das Mitdenken während der Predigt fördern. Sie vermitteln auch den Eindruck, daß der Prediger vorankommt. Solche Überleitungen können zurückblicken auf bereits Gesagtes, den nächsten Gedankengang kurz aufleuchten lassen, Beziehungen zur Kernaussage herstellen und das Interesse der Zuhörer auf etwas Neues lenken.

Weil klare Überleitungen sich selten intuitiv während des Vortrags ergeben, sollten sie vorher geplant werden. Manchmal werden dabei der vorangegangene und der nachfolgende Gedanke miteinander verbunden: "Unser Gottesdienst ist nicht nur Gemeinschaft mit Gott, sondern auch befreiende Gemeinschaft." Es ist auch möglich, die Rückschau wegzulassen, wenn der vorhergehende Punkt ausreichend deutlich dargelegt wurde: "Aber der Autor sagt uns noch etwas über unsere Gemeinschaft, nämlich, daß sie befreiend ist." Überleitungen drücken also implizit oder explizit die logischen oder psychologischen Verbindungen zwischen Einleitung und Hauptteil, zwischen den einzelnen Punkten des Hauptteils und zwischen Hauptteil und Schluß aus. Sie beantworten die Frage: Warum sind diese Punkte in dieser Reihenfolge angeordnet? Überleitungen sollten ausgeschrieben in die Gliederung eingefügt werden. Während der Predigt können sie dann ausgeführt und erweitert werden.

Worum ging es im vergangenen Kapitel?

Einige Predigtformen:

* Erklärung von Aussagen
* Überprüfung einer Behauptung
* Anwendung eines Prinzips

* Erläuterung eines Themas
* Erzählen einer Geschichte

Deduktiver Aufbau
Induktiver Aufbau
Gliederung
Überleitung

Definitionen

Erklärung von Aussagen

- Die Kernaussage wird in der Einleitung genannt. Die einzelnen Punkte der Predigt erklären diese Aussage.

Überprüfung einer Behauptung

- Die Kernaussage wird in der Einleitung genannt. Sie ist als Behauptung formuliert, und die Punkte der Predigt überprüfen diese Behauptung.

Anwendung eines Prinzips

- Die Kernaussage, die in der Einleitung oder im ersten Hauptpunkt genannt wird, ist als Glaubens - oder Lebensprinzip formuliert. Im weiteren Verlauf der Predigt wird dieses Prinzip auf die Alltagserfahrung übertragen.

Erläuterung eines Themas

- Das Thema wird in der Einleitung genannt. Die Hauptpunkte der Predigt erläutern es.

Erzählen einer Geschichte

- Eine biblische Geschichte sollte so erzählt werden, daß die Kernaussage direkt oder implizit deutlich wird.

Deduktiver Aufbau

- Die Kernaussage wird in der Einleitung genannt und im Hauptteil erklärt, geprüft und angewendet.

Induktiver Aufbau

- Die Kernaussage wird im Schlußpunkt formuliert. Alle vorangegangenen Punkte bauen aufeinander auf und führen zu ihr hin.

Gliederung

- Sie zeigt dem Prediger die Beziehung zwischen den einzelnen Aussagen. Er kann auf einen Blick sehen, was Haupt- und Nebenpunkte sind.

Überleitung

- Sie zeigt den Zuhörern, daß die Predigt weiter entwickelt wird und formuliert die logische oder psychologische Verbindung zwischen den einzelnen Punkten der Predigt.

Ein Gerippe wird lebendig

Eine Gliederung dient als Gerippe und wird sich in den meisten Predigten nicht ganz verstecken lassen. Wir dürfen es aber nicht nackt zur Schau stellen, sondern sollten es mit ergänzendem Material "bekleiden". Dieses Material hat dieselbe Bedeutung, wie die Haut dem Skelett oder der Beton dem Stahlgerüst eines Gebäudes die Umrisse gibt.

Phase 9 **Fülle die Gliederung mit ergänzendem Material, welches die Punkte erklärt, prüft, zu Anwendung bringt oder ausführlicher erläutert.**

Zuhörer können mit abstrakten Gedanken meist nicht viel anfangen. Es wurde auch wahrscheinlich noch nie jemand nur durch das Lesen einer Gliederung zum Handeln motiviert. Wenn eine Gliederung nicht ausgeführt wird, geht die Bedeutung der Predigt verloren und die Zuhörer werden nicht von ihr berührt. Im Verlauf der Predigt tauchen für die Zuhörer Fragen auf: "Ich möchte wissen, was er damit sagen will?" "Welche Gründe hat er für diese Behauptung?" "Klingt interessant, aber was hat das mit meinem Alltag zu tun?" Um Fragen wie diese zu klären, hat der Prediger einige Möglichkeiten, die im folgenden besprochen werden sollen.

1. Umformulierung

Hierbei wird ein Gedanke "mit anderen Worten" ausgedrückt, damit man erstens mehr Klarheit gewinnt. Denn anders als Leser eines Buches müssen die Zuhörer unmittelbar verstehen können, was gemeint ist, weil sie die Predigt meistens nur einmal hören. Wenn sie etwas nicht verstehen, sollten wir es wiederholen und versuchen, uns dabei für sie klarer auszudrücken. Ein Beispiel dazu gibt uns Clovis G. Chappell in der Einleitung zu seiner Predigt über die Ehebrecherin:

"Die Gelehrten sind sich unsicher, an welche Stelle der Bibel diese Geschichte hineinpaßt. Einige glauben, daß sie überhaupt nicht in den Kanon biblischer Geschichten gehört, weil sie in einigen alten Manuskripten nicht vorkommt. Trotzdem bin ich als Leser der Bibel davon überzeugt, daß diese Geschichte zur Bibel gehört und wahr ist. Selbst wenn das nicht so sein sollte, kann man aus ihr etwas Wichtiges lernen. Aber in meinen Augen ist die Geschichte nicht nur wahr, sondern auch tatsächlich passiert. Sie ist ein Bericht über ein Ereignis, das sich wirklich so abgespielt hat. Nur ein großartiges Genie könnte eine Geschichte erfinden, die so aus dem Leben gegriffen ist. Sie stimmt genau überein mit allem, was wir von den Pharisäern und Schriftge-

lehrten wissen und stimmt noch mehr überein, mit dem, was wir von Jesus selbst wissen."

Zweitens betonen Umformulierungen eine Wahrheit. Was einmal gesagt wird, kann überhört werden, was mehrmals wiederholt wird setzt sich irgendwann im Gedächtnis fest. Werbefachleute geben Millionen aus, um ihre Produkte immer und immer wieder in Radio, Fernsehen oder Zeitschriften zu bringen. Ein weiteres Predigtbeispiel mag dies noch verdeutlichen. Es geht um "Die Kunst, Berge zu versetzen":

"Ich bin sicher, daß jeder von Ihnen folgende Behauptung kennt: *Gebet verändert die Welt*

Sie haben es auf Postern gelesen, die Ihre Sonntagsschulräume schmücken. Sie haben es auf Aufklebern und Ansteckern gesehen, in der Bibel gelesen, oft in Predigten gehört.

Aber glauben Sie das wirklich?

Glauben Sie jetzt, von ganzem Herzen, daß Gebet die Welt verändert?

Hat Gebet alles für Sie verändert?

Ihre Einstellungen
Ihre Situationen
Ihre Probleme
Ihre Ängste?"

(Peter Marshall)

Eine Umformulierung ist etwas anderes als eine Wiederholung. Wenn etwas mit denselben Worten noch einmal gesagt wird, handelt es sich um eine Wiederholung. Umformulierungen drücken denselben Sachverhalt in anderen Worten aus. Wiederholungen können in einer Predigt zwar nützlich sein, um einen Hauptgedanken zu betonen, aber ein geschickter Prediger hat es gelernt, eine wichtige Aussage mehrmals verschieden zu formulieren.

2. Erklärung und Definition

Definitionen grenzen einen Sachverhalt ein. Sie sagen, was dazugehört und was ausgeschlossen wird. Erklärungen zeigen auf, in welcher Beziehung einzelne Gedanken zueinander stehen oder was sie aussagen wollen. Über die Bedeutung des griechischen Begriffs *eros* sagt Earl F. Palmer z.B.:

"Eros ist Liebe, die verdient werden muß, Liebe, die von uns gewonnen werden muß. Es ist nicht die instinktmäßige Liebe, die wir für unsere Eltern oder unsere Kinder, unsere Familie oder unser soziales Umfeld empfinden. Es ist auch nicht die Art von Liebe, die wir zur Wissenschaft oder zur Menschheit haben. Sie ist besitzergreifend, weil eine Person, eine Sache oder eine Gelegenheit uns stark anzieht. Die erotische Liebe ist machtvoll, stark und schön."[1]

Definitionen und Erklärungen erfolgen auf verschiedene Art und Weise. Normalerweise wird ein Gegenstand oder ein Begriff durch Einordnung in ein allgemeines System definiert. Dabei muß dann erklärt werden, wie er sich von den anderen Teilen dieses Systems unterscheidet. Solch eine Zuordnung klärt also Übereinstimmungen und Unterschiede. Palmer sagt in seiner Erläuterung des Begriffs *eros* z. B.: *"Eros ist Liebe (übergeordneter Begriff, System), die verdient werden muß, Liebe die von uns gewonnen werden muß (Unterschied zu anderen Formen der Liebe)."* Manchmal erklären und definieren wir etwas durch Synonyme. Sie sind aber nur dann sinnvoll, wenn sie auf die Erfahrungswelt der Zuhörer treffen und damit helfen, die Bedeutung des Gegenstandes bzw. Begriffs zu erfassen. Wahrscheinlich weiß z. B. jeder, was eine Sekte ist. Aber nicht jeder kennt die spezielle Bedeutung, die wir dem Begriff zumessen. Deshalb müssen wir ihn erklären: *"Sekten sind die unbezahlten Rechnungen der Kirche."*

Vergleiche und Gegensätze sind ebenfalls hilfreich, um Begriffe zu erklären und zu entfalten. Palmer benutzt beides, um den Begriff *eros* zu erläutern.

Manche Prediger benutzen Beispiele, um etwas zu erklären. So z. B. Ray C. Stedman: *"Was meinen wir eigentlich, wenn wir etwas als 'heilig' bezeichnen? Die Bibel nennt sich 'Die heilige Schrift'. Wodurch ist sie heilig? Israel wird, 'Das heilige Land' genannt und*

---

[1] "Love Has its Reasons: An Inquiry into New Testament Love" Seiten 38-39.

Jerusalem, 'Die heilige Stadt'. Warum? Alle drei haben etwas Gemeinsames: Sie gehören Gott. Die Bibel ist das Buch Gottes; Israel ist das Land Gottes; Jerusalem ist die Stadt Gottes - sie sind Gottes Eigentum! Deshalb sind sie heilig, weil sie Gott gehören."

Es wird schwierig, etwas zu erklären, wenn man die Zuhörer nicht kennt. Je vertrauter ein Prediger mit seinem Thema wird, je größer wird die Gefahr, daß er die Unwissenheit seiner Zuhörer unterschätzt. Sie haben vielleicht nicht seine intellektuelle Vorbildung, und deshalb kann er nicht davon ausgehen, daß sie ihn sofort verstehen werden. Fürwahr, sie unterstützen ihn finanziell, damit er Zeit zum Studium für seine Predigt hat, was sie selbst nicht tun können und haben deshalb ein Recht auf ausführliche, einleuchtende und exakte Erklärungen. Als Regel gilt, daß der Prediger alle wichtigen Begriffe in einer Sprache erklärt, die die Zuhörer verstehen können. Es ist besser, zu viel als zu wenig zu erklären. Das setzt allerdings voraus, daß der Prediger selbst die Begriffe klar verstanden hat und keine Ungereimtheiten mehr in seinen eigenen Gedanken bestehen. Dann sollte er die Erklärungen schrittweise durcharbeiten, sodaß eine logische Reihenfolge entsteht. Dunst vom Predigtpult aus führt zu dichtem Nebel bei den Zuhörern.

3. Tatsachen - und Sachinformation

Tatsachen beruhen auf Beobachtungen, Statistiken, Versuchen und anderen Daten, die unabhängig vom Prediger selbst überprüft werden können. Ein Prediger stellt z. B. eine sachliche Behauptung auf, wenn er sagt: "Griechisch ist eine reiche und differenzierte Sprache, die verschiedene Worte für Liebe hat. Aber nur zwei dieser Worte, *philia* und *eros*, hatten großen Einfluß auf die griechische Literatur und Philosophie des ersten Jahrhunderts n.Chr." Der Zuhörer kann diese Aussage überprüfen, indem er die griechischen Wörter für Liebe in einem Lexikon nachschlägt. Auch die Beschreibungen eines Bibeltextes sind Sachinformationen, weil jeder Zuhörer sie in der Bibel nachlesen kann.

Vieles, was als Tatsache genannt wird, ist nur eine Meinung. Wenn z. B. ein Prediger sagt: "Es ist eine Tatsache, daß die größte Gefahr für die Moral der Menschheit das Fernsehen ist!", dann ist das keine Tatsache, sondern eine Meinung. Diese Meinung kann zwar auf Tatsachen beruhen, aber sie darf nicht mit ihnen gleichgestellt werden. Tatsachen werden erst lebendig und relevant, wenn sie in Beziehung zueinander gesetzt und Folgerungen aus ihnen gezogen werden. Meinungen sind wertlos und dumm, solange sie nicht auf Tatsachen beruhen. Der Prediger sollte deshalb die Tatsachen und ihre Überprüfungsmöglichkeiten gut kennen: "Jeder Mensch hat das Recht auf seine eigene Meinung, aber keiner hat das Recht falsche Tatsachen weiterzugeben" (Bernard Baruch). Tatsachen unterstützen nicht nur das Verständnis, sondern verschaffen auch dem Prediger Autorität.

Statistiken erlauben es uns, eine Menge Einzelheiten schnell zu überblicken. In einer so an Zahlen orientierten Gesellschaft ist der Appetit auf Statistiken unersättlich, und es gibt kaum etwas, das noch nicht statistisch untersucht ist. Der Glaube an Statistiken wird aber leicht zu einer Fallgrube für arglose Menschen und zu einer guten Gelegenheit für unehrliche Zeitgenossen. Zahlen und Ziffern sind vom Flair der Wahrheit umgeben, auch wenn sie etwas Unbekanntes oder völlig Absurdes messen. Ein klassisches Beispiel dafür ist ein Bericht, nach dem 33 1/3 Prozent aller Studentinnen der Johns Hopkins Universität einen Dozenten geheiratet haben. Die Prozentzahl war exakt. Aber die Johns Hopkins Universität hatte damals nur drei weibliche Studenten, von denen eine ihren Dozenten heiratete. Manche Prediger, die unbedingt etwas beweisen wollen, sind anfällig für Statistiken. Ein bekannter Evangelist behauptete: "Ich las vor kurzem, daß 50 % aller Rock Gruppen Teufelsanbetung und Zauberei praktizieren, und ich glaube, daß die Zahl ständig steigt." Von wem wurde die Statistik gemacht? Welche und wieviele Rockbands wurden befragt? Wann war das?

Wenn in einer Predigt Zahlen benutzt werden, dann sollten sie so einfach wie möglich sein. Dabei sind abgerundete Zahlen leichter zu behalten. Obwohl z. B. die Information, daß 1950 die Einwohnerzahl Chicagos 3.620.962 betrug, beeindruckend ist, werden wir uns die Zahl "etwas über 3 1/2 Millionen" besser merken können. Statistiken können wichtig und interessant werden, wenn sie in den Erfahrungsbereich der Zuhörer gebracht werden. Wenn wir z. B. den Diana-Tempel in Ephesus beschreiben, können wir sagen: "Er war 54 m breit, über 112 m lang mit Säulen von 18 m Höhe", und hinzufügen: "Er war also länger und breiter als ein Fußballfeld, und die Säulen waren höher als ein fünfstöckiges Haus." Die Winzigkeit eines Elektrons kann man dadurch begreiflich machen, daß man zuerst die Zahl nennt, die unvorstellbar klein ist, und dann hinzufügt: "Wenn ein Elektron so groß wie ein Apfel wäre und ein Mensch proportional dazu seine Größe verändern könnte, wäre es ihm möglich, das gesamte Sonnensystem in seiner hohlen Hand zu halten und dennoch bräuchte er ein Vergrößerungsglas, um es zu sehen."

4. Zitate

Zitate werden aus zwei Gründen in eine Predigt eingefügt: Um Eindruck zu machen und um Autorität zu vermitteln. Wenn wir bemerken, daß ein anderer eine Aussage sehr treffend formuliert hat, benutzen wir seine Worte. Ein Beispiel dazu ist James S. Stewart, der in der Einleitung zu seiner Predigt über Jesaja 5, 30 ein Zitat von Robert Browning bringt: "Von allen Zweifeln, die, wie Browning so treffend sagt, 'an die Tür unserer Seele klopfen und eintreten' können, ist der verheerendste der Zweifel am Sinn der Existenz Gottes."

Es gibt viele Möglichkeiten, über Leiden zu predigen. Ein Prediger benutzte in diesem Zusammenhang folgendes bildliche Zitat: "Durch Leiden wird die Flagge der göttlichen Realität in einem gepanzerten, rebellischen Herzen gehißt."

Die meisten Prediger benutzen Zitate, damit sich ein wichtiger Gedanke tief in das Gedächtnis der Zuhörer eingräbt. Wenn wir Zitate verwenden, ist es um der Ehrlichkeit wegen gut, auch die Quelle zu nennen.

Zitate werden auch gebraucht, um etwas zu bestätigen. Der Prediger benutzt dabei das Ansehen und die Autorität, die der Verfasser des Zitats in den Augen der Zuhörer besitzt. Im folgenden Predigtbeispiel geht es um die scheinbare Sinnlosigkeit unseres Einsatzes, die als Folge haben kann, daß wir uns vom sozialen Engagement zurückziehen. Der Prediger Ernest T. Campbell sagt: *"Erst kürzlich hat mich die*

Lebensauffassung von Leonard Woolf tief getroffen, der sagte: 'Ich sehe sehr deutlich, daß ich fast nichts erreicht habe. Die Welt von heute und die Geschehnisse der letzten 5-7 Jahre wären dieselben, wenn ich die ganze Zeit Pingpong gespielt hätte, anstatt mich in Komitees zu engagieren und Bücher und Memoranden zu verfassen. Deshalb komme ich zu dem deprimierenden Schluß, daß ich in meinem langen Leben zwischen 150.000 und 200.000 Stunden mit sinnloser Arbeit vertan habe.'"

Wir zitieren andere Menschen auch, weil sie z. B. die Fakten besser kennen und interpretieren können oder weil die Zuhörer ihre Beurteilung eher akzeptieren. Ein Prediger, der die Bibel kennt und die Sündhaftigkeit der Menschen versteht, kann auch für seine skeptischen Zuhörer einen kriminalistischen Untersuchungsbericht zitieren und könnte z. B. die folgenden Sätze aus dem Minnesota Crime Report vorlesen:

"Kinder kommen als kleine Wilde zur Welt. Sie sind total egoistisch und auf sich selbst bezogen. Sie wollen ihre Bedürfnisse, wenn sie diese äußern, sofort befriedigt haben - Fläschchen, Zuwendung der Mutter, Spielzeug von anderen Kindern. Wenn man ihnen das nicht gibt, reagieren sie mit Wut und Aggressivität, die zerstörerisch wäre, wenn sie die Kraft dazu hätten. Sie machen in die Windeln. Sie haben keine Moral, keine Kenntnisse, keine Fertigkeiten. Das bedeutet, daß alle Kinder, nicht nur ganz bestimmte, geborene Verbrecher sind. Wenn sie in der Ichbezogenheit ihrer Kindheit verhaftet blieben, allen impulsiven Regungen zur Erfüllung ihrer Bedürfnisse freien Lauf lassen dürften, würden aus allen Kindern Kriminelle, Diebe, Mörder und Frauenschänder werden."

D. M. Baillie zitiert einen Historiker um zu verdeutlichen, daß auch der Glaube der ersten Christen eine intellektuelle Komponente hatte: *"Dr. T. R. Glover, ein bekannter Altertumsforscher, sagt, daß ein Grund für die weltweite Ausbreitung des Christentums darin lag, daß die Christen bessere Denkvorstellungen hatten als der Rest der damaligen Welt. Sie wußten nicht nur wie man besser leben und sterben soll, sondern auch wie man besser denken soll. Das Christentum hinter-*

fragte sozusagen die Welt. Hier ein Auszug: 'Die Christen lasen die besten Bücher, nahmen deren Gedanken in sich auf und führten das freieste intellektuelle Leben, das es je gab. Jesus hat sie dazu befreit, Tatsachen zu erforschen, deshalb gab es keinen Platz für unwissende Christen. Von Anfang an mußten die Christen die Evangelien lesen und imstande sein, den Grund für ihren Glauben zu bezeugen. Sie lasen von Jesus und kannten ihn und wußten, wo sie standen .... Wer waren die Denker des Altertums? Es waren immer wieder die Christen, die die Welt hinterfragten.'"

Auch Autoritätspersonen müssen ihre Aussagen beweisen. Es gibt einige hilfreiche Fragen, um die Kompetenz eines Experten festzustellen:

(1) Ist er durch Erfahrung oder Ausbildung qualifiziert, über dieses Thema mit Autorität zu sprechen?
(2) Hat er seine Kenntnisse aus erster Hand erworben?
(3) Hat er Vorurteile? Ein voreingenommener Experte wird kein Vertrauen erwecken, weil er mit Begeisterung Beweise für seine Meinung bringt und den Rest übersieht. Spricht er jedoch über seine Vorurteile, kann das ein großartiges Zeugnis sein. Was z. B. George Bernard Shaw über das Christentum schreibt, hat eine große Wirkung, gerade weil er dieser Religion sehr kritisch gegenüberstand.
(4) Wie hoch schätzen die Zuhörer seine Aussagen ein? Kennen sie ihn? Respektieren sie ihn? Wenn man eine unbekannte Persönlichkeit als Autorität anführt, muß man den Zuhörern erklären, worin die Kompetenz dieser Person besteht.

Zitate sollten in einer Predigt sparsam benutzt werden, denn eine Predigt ist keine Dissertation! Sie sollten kurz sein, weil längere Zitate oft nicht sofort verstanden werden. Man kann längere Zitate auch paraphrasieren und nur wenige wichtige Sätze daraus wörtlich vorlesen.

Die Wirkung von Zitaten kann durch die Art ihrer Einfügung gesteigert werden. Es ist für die Zuhörer ein großer Unterschied, ob es heißt

"Spurgeon sagte", "Paulus schrieb", "die Bibel lehrt" oder ob eine lebendigere Formulierung gewählt wird: "Mutig in die Bibel eingefügt ist der Satz ..." "Paulus spürte genau, daß ..." "Genau das ist es, was Charles Dickens uns sagen wollte, als er beobachtete ..." "Man kann die Bedeutung dieser Wörter an Vers 10 sehen ...".

5. Erzählung

Wenn wir etwas herum erzählen, dann handelt es sich selten um bloße Fakten, sondern mehr um die menschliche Seite. Populäre Zeitschriften machen Themen wie Gesichtspflege und wirtschaftspolitische Umwälzungen in China gleichermaßen interessant, indem sie über die Menschen schreiben, die dabei beteiligt sind. In einer Predigt können wir von Menschen erzählen, von denen die Bibel berichtet. In fast allen Abschnitten kommen Menschen vor - manchmal lachen, fluchen, beten sie, ein andermal verstecken sie sich, und wir müssen sie suchen. Bei jedem Text haben wir einen Verfasser und einen Leser, und auch hinter Dogmen verbergen sich immer Personen. Gnade wird eben nicht in himmlischen Kühlräumen aufbewahrt, sondern eine Person teilt sie aus, und eine andere empfängt sie. Der Heilige Geist kannte den Wert von Erzählungen und hat wohl auch deswegen so viele in die Heilige Schrift eingeführt. Jesus selbst demonstrierte durch seine vielen Gleichnisse den Einfluß von Erzählungen.

Erzählungen liefern für die Predigt einen lebendigen Hintergrund. Man sieht das deutlich bei der Predigt von John Hercus über Psalm 24: *"David setzte sich gerade hin, räkelte sich und gähnte. Es war ein Routinetag gewesen, an dem er sich mit seinen Musikern, Sängern und dem Ballett beschäftigt hatte. Mit der Partitur und der Choreographie war es gut vorangegangen, und David war mehr als zufrieden. Der Psalm war gelungen - kurz, klar und treffend. Hm-m-m-m ... der Vers 'Wer darf auf des Herrn Berg gehen ... stehen an seiner heiligen Stätte?' Sehr gut! Das ist ein treffender Hintergrund für das Orchester mit den Zimbeln, Trompeten und dem Chor. Und das Ballett wird dieses geistliche Thema gut darzustellen können.*

Diese vier Bedingungen, um in das Heiligtum zu gelangen waren genau richtig. Kurz, klar, ansprechend. Unschuldige Hände, reines

Herz, nicht auf falsche Werte bauen (das meinte er, als er sagte, nicht bedacht auf Lug und Trug') und ohne Betrug oder Hinterlist. Ja, das sind genau die Merkmale eines reifen Menschen.

Unschuldige Hände ... so wie seine eigenen unschuldigen Hände... Plötzlich geht ihm eine Erinnerung durch den Kopf. Eine Erinnerung an wiederholte Versuche, eine blutige Angelegenheit von seinen Händen abzuwaschen, die er nicht mehr ungeschehen machen konnte. Wie war das passiert? Oh, ja ... wegen Michal."

Erzählungen gewinnen an Kraft, wenn die Zeitwörter und Hauptwörter Bilder in unser Gedächtnis malen. Manchmal bringt eine Erzählung, die von einem anderen Gesichtspunkt aus betrachtet wird, wieder Leben und Frische in altbekannte Tatsachen. Was dachte die Ehebrecherin oder die Frau am Brunnen, als sie dem Herrn Jesus zum ersten Mal begegnete? In seinen Briefen läßt Paulus seine Gegner auftreten, um mit ihnen zu diskutieren: "Was haben denn die Juden für einen Vorzug?" fragt jemand in Römer 3,1. "Die Speise dem Bauche und der Bauch der Speise" argumentierten damals die Korinther in 1.Kor.6,12. Was waren das für Leute? Wie haben sie wohl die Diskussion fortgesetzt?

Prediger sollten Dialoge benutzen. Die Erzählungen und Gleichnisse der Evangelien sind voll davon. Worte gehören von Menschen gesprochen, bei Einzelpersonen als Solo oder Selbstgespräch, wie in dem Beispiel von David. Auch Jesus ließ Personen in Gleichnissen Selbstgespräche führen, z. B. den ungetreuen Haushalter (Lukas 16, 2-7) und den verlorenen Sohn (Lukas 15,11-32), der zu sich selbst sagte: "Wie viele Tagelöhner hat mein Vater, die Brot die Fülle haben, und ich verderbe im Hunger!" (V.17).

Die Erzählung verwendet die Vorstellungskraft, um Glaubenswahrheiten wiederzuspiegeln. Die Vorstellungskraft ist die Halbschwester der Interpretation, beide beziehen sich auf den Text. Die Bedeutung eines Textes steht in engem Zusammenhang mit dessen Aussage. Die Vorstellungskraft geht über die biblischen Tatsachen hinaus und ist trotzdem eng mit ihnen verbunden.

6. Illustrationen

Ein berühmter Wissenschaftler gibt folgenden Rat an jeden Redner, der lernen will, einen komplexen Sachverhalt einfach darzustellen. Man möge in ein Kochbuch schauen, weil Rezepte allgemeine Vorstellungen erklären, indem sie sich nur auf das Spezifische beschränken. Das Rezept zu Filet Wellington z. B. lautet: "Gib ein gut abgehangenes Stück Rinderfilet in eine Pfanne, ohne Wasser und ohne Deckel. Das Filet wird im Backofen bei 220 Grad 20-25 Minuten lang geröstet." Dieser Rat ist besonders angebracht für Spezialisten, deren weitreichende Kenntnisse sie oft daran hindern können, eine wirkungsvolle Kommunikation aufzubauen. In diesem Fall lenkt Ihre Ausbildung sie von Einzelheiten ab und führt sie zu unklaren Äußerungen von abstrakten Begriffen.

Ein Theologe spricht beispielsweise über *Harmatologie* anstatt über *Sünde*, weil das abstrakte Wort mehr Deutungsmöglichkeiten zuläßt. Vor Laien muß der Theologe jedoch lernen, nicht die Abstraktionen zu benutzen, sondern über morden, lügen, stehlen oder ehebrechen zu reden. Wenn er das nicht kann oder will, wird er nur als Gelehrter gut abschneiden, nicht aber als Prediger. Sören Kierkegaard beklagte sich einmal über den Philosophen Georg Hegel. Er bat ihn um Erklärungen, wie er zu einer bestimmten Straße in Kopenhagen finden könnte. Alles, was Hegel ihm gab, war eine Karte Europas.

Begabte Prediger haben ein Gespür dafür, wann mehr oder weniger Abstraktion hilfreich ist. Damit Einzelheiten Bedeutung für die Zuhörer erlangen, müssen sie in allgemeinere Zusammenhänge gestellt und Abstraktionen durch Beispiele erklärt werden: *"Interessante Autoren, informative Redner, sorgfältige Denker und vernünftige Menschen können sich auf allen Abstraktionsstufen bewegen. Sie klettern schnell und anmutig auf geordnete Weise von oben nach unten, von unten nach oben - geschickt, geschmeidig und schön wie Affen auf einem Baum"* (S. I. Hayakawa).

Eine Methode um unsere Predigten lebensnah und verständlich zu machen, liegt in der Verwendung von Illustrationen. Gut gewählte und geschickt verwendete Illustrationen dienen zur Umformulierung, zur Erklärung, zur Bestätigung oder um eine Aussage mit dem Leben in

Verbindung zu bringen. Wichtige Aussagen müssen öfter wiederholt werden, damit sie sich in das Gedächtnis der Zuhörer eingraben. Durch Illustrationen können Wiederholungen in eine Predigt eingefügt werden, ohne die Zuhörer zu langweilen. Durch Analogien und Anekdoten kann das Verstehen gefördert werden. Sie verdeutlichen, wie das Bild im Fernsehen, was der Prediger sagen will.

Illustrationen machen die Wahrheit glaubwürdiger. Natürlich sind Beispiele keine Beweise, aber sie haben eine psychologische Wirkung auf die Zuhörer. Argumente in Verbindung mit realen Beispielen werden eher akzeptiert. Wenn man etwa erklären will, daß jede biblische Wahrheit gültig ist, aber nicht alle biblischen Wahrheiten gleichermaßen wertvoll sind, kann eine Analogie helfen: Ein Pfennig und ein Markstück können beide echt sein, sie haben aber nicht den gleichen Wert. Deshalb müssen wir zwischen der Pfennig- und der Mark-- Wahrheit unterscheiden. Solch eine Analogie bekommt dieselbe Zustimmung wie das bloße Argument.

Illustrationen verbinden die inhaltlichen Aussagen mit der Erfahrung, denn die Zuhörer sollen nicht nur Thesen kennenlernen und akzeptieren, sondern auch erfahren, wie sie sich im Leben auswirken. In einer Predigt über 1. Mose 41, 51 ging es William E. Sangster um die Kernaussage: "Wir müssen uns erinnern, daß wir vergessen müssen." Er beendete seine Predigt mit folgender Anekdote: *"Es war Weihnachten. Einer meiner Gäste, der einige Tage früher gekommen war, beobachtete mich bei der Erledigung meiner letzten Weihnachtspost. Er war überrascht, dabei einen bestimmten Namen zu sehen. "Du willst dem doch wohl keine Karte schicken", rief er aus.*
"Warum nicht?" fragte ich.
"Aber weißt du denn nicht mehr", meinte er, "damals, vor achtzehn Monaten . . ."
Da erinnerte ich mich wieder an den Vorfall, aber auch daran, daß ich dem Mann mit Gottes Hilfe vergeben und mich entschlossen hatte, die Angelegenheit zu vergessen. Und Gott hatte mich vergessen lassen!
Ich schickte die Karte ab."

Illustrationen haben noch weitere Funktionen: Sie fördern das Behalten, wühlen Gefühle auf, rufen Bedürfnisse wach, halten die Zuhörer in Spannung und fördern die Kommunikation zwischen dem Redner und seinem Publikum.

Das wichtigste Prinzip für den Gebrauch von Illustrationen heißt: Illustrationen sollen illustrieren. Das Verb "illustrieren" kommt vom lat. *illustrare* und bedeutet "erleuchten, erhellen, erläutern, ausschmücken". Illustrationen ähneln einer Bühnenbeleuchtung, die eine Szene erhellt und beleuchtet. Wenn die Lichter dem Zuschauer in die Augen scheinen, werden diese geblendet und können nichts mehr sehen. Eine Geschichte, die nur um ihrer selbst willen erzählt wird, mag nett und unterhaltsam sein. Sie ist in einer Predigt aber nur dann angebracht, wenn sie die Aufmerksamkeit auf die Kernaussage lenkt und nicht auf sich.

Illustrationen sollten verständlich sein. Wenn sie selbst erst erklärt werden müssen, sollte man sie nicht einsetzen, denn sonst wird etwas Unbekanntes durch etwas Unbekanntes erklärt. Selbst biblische Beispiele, die eine Aussage illustrieren sollen, können den biblisch ungebildeten Zuhörern von heute so wenig bekannt sein wie die Geschichte Chinas. Wenn sie zur Illustration eines anderen Abschnitts aus der Bibel benutzt werden, ist das nicht sinnvoll. Der Prediger muß sich Zeit nehmen, um seine Zuhörer sorgsam und langsam in eine biblische Geschichte hineinzuführen, damit die dort erzählten Begebenheiten wirklich nachempfunden werden können. Die wirksamsten Illustrationen sind die, mit denen der Zuhörer am besten vertraut ist, z. B. Geschichten von Kindern, Tieren oder alltäglichen Situationen.

Illustrationen sollten überzeugend wirken, und der Prediger sollte sich seiner Sache sicher sein. Eine ungenaue Geschichte mag zwar einen Gedanken illustrieren, aber sie wird die Glaubwürdigkeit des Predigers untergraben, wenn die Zuhörer diese Unwahrheit bemerken. Noch ein wichtiger Punkt ist, daß die Illustration die Gefühle der Zuhörer nicht verletzten soll. Denn manchmal klingt die Wahrheit seltsamer als etwas frei Erfundenes, aber unglaubwürdige Anekdoten lassen die Zuhörer vermuten, daß der Prediger etwas merkwürdig ist. Deshalb ist es gut, eine weithergeholte Geschichte als solche anzukündigen und sie dann zu vertreten. Manchmal könnte man den Eindruck bekommen, daß Predigerkinder nur in Illustrationen reden. Wenn der

Prediger zu oft solche Illustrationen verwendet, könnten skeptische Zuhörer zu der Ansicht verleitet werden, daß er nicht immer die Wahrheit spricht. Es ist natürlich auch verführerisch, eine Geschichte so zu erzählen, als ob sie mir selbst passiert ist. Erstens wird Gott alle Methoden der Verkündigung beurteilen und zweitens kann Gottes Wahrheit nicht durch unsere Unwahrheiten unterstützt werden. Sollten unsere Zuhörer den Verdacht schöpfen, daß wir lügen, um einen Zweck zu erreichen, haben sie auch Grund zu glauben, daß wir lügen, damit sie sich bekehren.

Illustrationen sollten zum Thema der Predigt und zum Publikum passen. Es gibt durchaus Themen, zu denen keine Illustrationen gehören. Ein Prediger, der z. B. die Allgegenwart Gottes hervorheben wollte, versuchte das mit den Worten: "Gott ist sogar im Abfalleimer!" Das ist zwar richtig, aber völlig unpassend. Es gibt Illustrationen, die den einen Zuhörern einsichtig sind, den anderen hingegen nicht.

Illustrationen sollten spannend erzählt werden. Ein Bildhauer wurde einmal gefragt, wie er die Statue eines Löwen geschaffen habe, ohne ein Modell zu haben. Er erklärte: "Ich haute einfach das vom Stein weg, was nicht wie ein Löwe aussah." Das ist auch ein guter Rat für Prediger. Er sollte überflüssige Details weglassen, um nicht die Pointe zu verwässern. Erzählende Illustrationen sollten Dialoge und direkte Fragen beinhalten und nicht einfach nacherzählt werden. Die Erzählung sollte so spannend wie möglich sein, so daß die Zuhörer richtig mitgehen und die Pointe nicht nur verstehen, sondern auch erleben.

Gute Illustrationen sind überall zu finden. Persönliche Erlebnisse sind eine besonders reichhaltige Quelle. Das menschliche Leben ist oft wie ein Zirkus, man muß nur richtig hinschauen. Manche Prediger finden mehr Material bei Spaziergängen in der Nachbarschaft als andere bei ihren Weltreisen. Der Unterschied liegt nicht in dem, was wir erleben, sondern in dem, was wir bei unseren Erfahrungen lernen und beobachten. Wenn wir etwas erkennen wollen, müssen wir gut beobachten. Die Welt kann Gottes Bilderbuch sein, wenn wir lernen, in gewöhnlichen Ereignissen Analogien und Anwendungen zu geistlichen Wahrheiten zu sehen.

Persönliche Illustrationen bringen Wärme und Lebendigkeit in eine Predigt hinein, wenn man die folgenden Regeln beachtet:

1. Die Illustration sollte wahr sein. Sie sollte auch maßvoll sein. Zuhörer mögen es nämlich nicht so gern, wenn der Prediger regelmäßig als Held auftaucht. Wir reagieren meistens negativ auf einen Redner, der dauernd herausstreicht, wie klug, humorvoll oder geistlich er ist. Bei vielen Erfahrungen sind wir weder Sieger noch Verlierer, und wir können sie deshalb bescheiden und mit großem Gewinn vortragen.
2. Eine persönliche Illustration sollte nicht entschuldigt werden. Indem ein Prediger sagt: "Wenn Sie ein persönliches Beispiel entschuldigen ..." lenkt er die Aufmerksamkeit auf etwas, was gar nicht bemerkt werden sollte. Wenn ein Beispiel benutzt wird, braucht man es nicht zu entschuldigen.
3. Eine dritte Regel für den Gebrauch persönlicher Illustration besteht darin, daß wir nicht das Vertrauen, das die Zuhörer zu uns haben, zerstören. Sie haben es nicht gerne, wenn sie, ohne es zu wollen, Teil der Predigt werden. Sogar wenn klar ist, daß durch das Erzählen eines persönlichen Erlebnisses niemand verletzt wird, muß man die daran beteiligten Personen um Erlaubnis bitten. Selbst wenn man meint, etwas schmeichelhaftes zu erzählen, könnten die betreffenden Personen etwas gegen die öffentliche Erwähnung haben.

Auch durch Lesen erhält man viele Ideen zu Illustrationen. Aber nur wenige Prediger können es sich leisten, beim Lesen Illustrationen für ihre Predigten zu sammeln ohne sie niederzuschreiben. Kinderreime, Comics, Illustrierte, Zeitungen, Romane und die Geschichte bieten viel Quellenmaterial. Gedruckte Predigten von begabten Predigern enthalten oft Illustrationen, die wertvoller sind, weil sie schon im Zusammenhang der Predigt stehen, als zum Beispiel in einem Zitatlexikon.

Den meisten Predigern fallen Illustrationen dann ein, wenn sie an der Predigt arbeiten. Sie sollten sich die Pointe aufschreiben und prüfen, ob sie auch wirklich das treffen, was illustriert werden soll. Die Fähigkeit, passende Analogien und treffende Anwendungen zu finden, wächst mit der Übung.

Das meiste Material findet der Prediger zweifellos in seinen Akten. Deshalb sollte er sich ein gutes Ordnungssystem dafür anlegen. Es gibt viele Systeme, um die Ergebnisse des Studiums und Lebens zu ordnen. Normalerweise benötigt man zweierlei Karteien. In die eine ordnet man Predigtnotizen, Buchauszüge und Kopien so, wie sie sind. Sie kann eingeteilt sein nach Themen oder Büchern der Bibel.

Als Ergänzung sollte ein Prediger ein Karteikartensystem mit kleineren Kärtchen führen. Ein Bereich dieses Systems bezieht sich auf die Bücher der Bibel. Auf den Karten notiert man sich Illustrationen, exegetische Notizen und bibliographische Bemerkungen zu einzelnen Bibelstellen. Ein anderer Teil des Karteikartensystems sollte nach Themen geordnet sein, die alphabetisch angeordnet werden.

Das meiste Predigtmaterial - Anekdoten, Zitate, Gedichte, exegetische Notizen, Analogien, Bibliographien - kann auf solchen Karten gesammelt werden.

Jeder Prediger braucht ein System. Jedes System, das ihm hilft, Informationen zu ordnen, ist besser als gar keines. Es sollte aber auch benutzt werden. Agur, ein Verfasser der Sprüche, rühmt die Ameisen für ihre Klugheit: "Die Ameisen - ein schwaches Volk, dennoch schaffen sie im Sommer ihre Speise" (Sprüche 30, 25). Wohl dem Prediger, der das von ihnen lernt!

Worum ging es im vergangenen Kapitel?

Wiederholung
Umformulierung
Erklärung
Definition
Sachinformation
Zitate

Erzählung
Illustration

Definitionen

Definition

- setzt fest, was zu einem Gegenstand oder einer allgemeinen Aussage dazugehört und was nicht.

Erklärung

- setzt Aussagen in Beziehungen zueinander und macht deutlich, was sie meinen.

Sachinformation

- enthält Beobachtungen, Beispiele, Statistiken und andere Daten, die nicht vom Prediger bewiesen werden.

Erzählung

- beschreibt, wer was wem mit welcher Wirkung angetan hat. Sie kann den Hintergrund der Predigt beleuchten, indem sie Personen, Schauplätze oder Zeitalter beschreibt.

Illustration

- erklärt, beweist oder stützt Gedanken, indem sie diese mit handgreiflichen Erfahrungen in Verbindung bringt.

Anfang mit Pfiff und Ende mit Nachhall

Einleitung und Schluß haben trotz ihrer relativ geringen Länge große Bedeutung für eine Predigt. Durch die Einleitung bekommt das Publikum einen ersten Eindruck vom Prediger, der die Annahme des Folgenden stark beeinflußt. Wenn er nervös, feindselig oder unvorbereitet erscheint, neigen die Zuhörer dazu, ihn abzulehnen. Wenn er einen munteren, freundlichen und interessierten Eindruck macht, wird er als fähige Persönlichkeit mit positiver Einstellung zu sich und den Zuhörern angesehen werden.

Phase 10 Bereite die Einleitung und den Schluß der Predigt vor.

Die Einleitung

Die Einleitung soll die Zuhörer zur Kernaussage und zu deren Entwicklung hinführen. Die Merkmale einer wirksamen Einleitung erwachsen aus diesem Ziel.

1. Aufmerksamkeit gewinnen
Die Einleitung sollte die Zuhörer hellwach machen. Wenn der Pastor zum Predigtpult schreitet, sollte er nämlich nicht erwarten, daß seine Zuhörer schon gespannt auf ihren Stühlen sitzen, um seine Predigt zu hören. Sie sind wahrscheinlich etwas gelangweilt und hegen Mißtrauen gegen ihn, weil er bestimmt wieder alles Mögliche verurteilen wird. Ein russisches Sprichwort enthält einen weisen Rat: "Mit Menschen ist es genau wie mit Eseln: wenn man sie festhalten will, muß man sie bei den Ohren packen." Die Ersten Worte müssen weder dramatisch noch schlicht sein, aber sie müssen so auffällig sein, daß die Zuhörer gezwungen werden zuzuhören. Wenn dem Prediger dies nicht in den ersten 30 Sekunden gelingt, hat er seine Chance vertan.

Die Möglichkeiten für solch einen Knalleffekt am Anfang sind so vielfältig wie die Kreativität des Predigers. Er kann z. B. mit etwas Paradoxem anfangen: "Viele Gotteskinder leben wie Waisenkinder."

Oder er stellt einen bekannten Gedanken in einen ungewohnten Zusammenhang: "'Ehrlichkeit ist die beste List.' Wenn einer so etwas sagt, ist er nicht unbedingt ehrlich, sondern er mag einfach nur schlau sein."

Auch rhetorische Fragen ziehen Aufmerksamkeit an sich: "Wenn Gott heute morgen sterben würde, wie lange würden Sie brauchen, um das herauszufinden?"

Eine erschreckende Tatsache oder Statistik weckt die Zuhörer ebenfalls auf: "Eine von drei Ehen endet vor dem Scheidungsrichter. Nur eine von sechs Ehen ist glücklich."

Auch der Text selbst kann spannend gemacht werden: "Für viele Leute ist das sechste Kapitel des Hebräerbriefes das am meisten verwirrende der ganzen Bibel." Der Prediger kann auch ziemlich direkt auf den Bibeltext zusteuern: "Heute morgen möchte ich die Botschaft eines anderen Predigers vortragen. So stellt sich uns Salomo, der Verfasser des Buches Prediger, vor."

Die Zuhörer werden auch aufmerksam bei der Aussicht auf eine interessante Geschichte: "Mary Watson war Hausfrau, Ende Dreißig. Sie schätzte sich als jung und immer noch attraktiv ein, obwohl sie schon fünfzehn Jahre verheiratet und Mutter von drei Kindern war. Innerhalb von nur einem Monat verwandelte sie sich in eine häßliche alte Frau."

Ein anderes Mal kann der Prediger direkt zum Thema kommen: "Wenn Sie sich Christ nennen wollen, müssen Sie an die Dreieinigkeit glauben."

Die ersten 25 Wörter sind entscheidend für die Aufmerksamkeit, denn sie machen die Zuhörer neugierig auf das, was in den kommenden 30 Minuten folgt.

2. Probleme ansprechen

Eine wirksame Einleitung spricht Probleme an. Der Prediger muß die unfreiwillige Aufmerksamkeit in eine freiwillige verwandeln, so daß die Menschen zuhören wollen und nicht müssen. Ein Autor der Zeitschrift "Life", Paul O'Neil, schreibt dazu: "Greife den Leser immer zuerst an den Hals, dann drücke deinen Daumen an seine Luftröhre und halte ihn so fest bis zur letzten Zeile."

Der Sozialwissenschaftler Arthur R. Cohen sieht zwei Auswirkungen, wenn Informationen auf persönliche Probleme treffen:

(1) Es wird ein Lernprozeß in Gang gesetzt und

(2) Meinungen werden schneller und dauerhafter geändert, als wenn Informationen nicht auf das Leben bezogen werden.

Das bedeutet, daß der Prediger eine Antwort auf die Frage haben muß: "Warum erzähle ich das? Warum sollen sie mir zuhören?"

Bei einer Predigt über 2. Korinther 1, 3-11 traf Charles R. Swindoll genau den Punkt, auf den es ankommt:
"El Tablazo sah so nah aus. Zu nah. Es ging so schnell. Die DC-zerschellte an der 14.000 Fuß hohen zerklüfteten Bergspitze. Was übrig blieb vom Avianca Airline Flug nach Quito, Equador, verbrannte in einer tiefen Schlucht. Einen schrecklichen Augenblick lang wurde der kalte columbianische Berg gespenstisch angeleuchtet, dann kehrte die Finsternis zurück. Und die Stille.
Vor dem Abflug kritzelte ein junger Mann aus New York, Glenn Chambers, eilig eine Notiz auf ein Stück Papier, das auf dem Boden des Flughafens herumlag. Das Papier war ein Stück aus einer Zeitungsannonce, die nur aus einem Wort bestand: 'Warum?'
Weil er es sehr eilig hatte, kritzelte Chambers die Nachricht an seine Mutter um dieses Wort herum. Er faltete das Papier schnell zusammen, stopfte es in einem Briefumschlag und warf es in den Briefkasten. Weitere Nachrichten sollten später folgen. Mehr über die Erfüllung eines Lebenstraumes, als Missionar nach Equador zu gehen.
Aber so war es nicht. El Tablazo holte diesen Flug und Chambers Träume vom Nachthimmel. Der Briefumschlag kam später an als die Nachricht von seinem Tod. Als seine Mutter ihn erhielt, sprang ihr sofort diese Frage in die Augen - Warum? Das ist die Frage, die als erste auftaucht und am längsten bleibt.
Warum? Warum ich? Warum jetzt? Warum das Ganze?"

Probleme können direkt angesprochen werden. Die Fragen: *"Kann eine berufstätige Frau eine gute Mutter sein? Was meinen Sie? Was sagt die Bibel dazu?"* umreißen das Problem in weniger als zwanzig Worten.

Eine gute Predigt ist wie das Anzünden eines Streichholzes. Wenn das Problem wie ein Streichholz auf die Reibfläche des Wortes Gottes stößt, entsteht ein Funke, der im Kopf der Zuhörer weiterbrennt. Es ist nicht eine Technik des Überredens, die Probleme der Zuhörer mit der Predigt in Verbindung zu bringen, sondern es ist die Hauptaufgabe der Predigt selbst! *"Wer immer ein Prediger werden will, muß sich in die*

Probleme der Menschen solange hineinfühlen, bis seine Seele davon ergriffen ist" (Leslie J. Tizard).

Probleme haben viele Gestalten und Formen. Gläubige unterscheiden sich von Ungläubigen nicht durch ihre Probleme, sondern durch die Art, wie sie damit umgehen. Abraham H. Maslow, ein bekannter Psychologe, glaubt, daß Bedürfnisse und Probleme aufeinander aufbauen. Die Motivation unseres Handelns hängt eng zusammen mit der Erfüllung dieser Bedürfnisse. Die grundlegendsten Bedürfnisse sind physischer Natur, sagt er. Sie werden gestillt durch Essen, Trinken, Schlaf, Ausleben der Sexualität. Wenn sie nicht befriedigt werden, beherrschen sie unser Denken und Handeln.

Alle Menschen haben Bedürfnisse in Bezug auf den sozialen Umgang miteinander. Wir sehnen uns nach Anerkennung, Liebe und Zuneigung, Sicherheit, Selbstverwirklichung und Selbstdarstellung. Menschen möchten wissen daß sie geliebt sind, daß sie Wert haben, daß sie wachsen und sich entwickeln und ihre Leistungsfähigkeit entfalten können.

Menschen wollen auch wissen und verstehen. Maslow behauptet, daß diese Bedürfnisse erst dann zum Handeln motivieren, wenn die physischen und sozialen Bedürfnisse befriedigt worden sind. Die Wißbegierde mag zwar am Anfang der Predigt von Bedeutung sein. Aber ihre Befriedigung wird nicht so starken Einfluß auf das Leben der Zuhörer haben wie die Einsicht, daß Gott unsere Sehnsucht nach Selbstachtung, Sicherheit, Zuneigung und Liebe stillt.

Deshalb sollten die Zuhörer schon ganz am Anfang einer Predigt merken, daß der Prediger zu ihnen und von ihnen redet. Er tut das, indem er eine Frage stellt, ein Problem anspricht, von einem Bedürfnis spricht und damit andeutet, wovon der Bibeltext handelt. Die Anwendung fängt schon in der Einleitung an, nicht erst im Schlußabschnitt. Sogar ein Prediger mit sonst geringen Fähigkeiten wird als begabt angesehen werden, wenn er es schafft, über menschliche Probleme, Verletzungen und Wünsche aus der Sicht der Bibel zu reden. Und, was noch wichtiger ist, durch seine Predigt wird die Gnade Gottes als Lösung für die quälenden Sorgen und Spannungen des täglichen Lebens sichtbar gemacht.

3. Zum Thema hinführen

Einleitungen sollen auch zum Hauptteil der Predigt hinführen. Auf keinen Fall sollte es so sein, daß nach der Einleitung keiner so recht weiß, worüber der Prediger sprechen will. Wenn nur das Thema vorgestellt wird, sollte es durch die Punkte des Hauptteils erläutert werden. Wird etwa die Frage gestellt: "Wie können wir den Willen Gottes erkennen?", erwarten die Zuhörer im Hauptteil der Predigt dazu eine Erklärung.

Die Einleitung kann auch über das Thema hinausführen. Zu Römer 1, 1-17, wo es um die Frage der Evangelisation geht, kann die Einleitung zu der Aussage führen: "Wenn die Wirkung des Evangeliums die Kirche durchdringt, ist die Kraft des Evangeliums in der Welt nicht mehr aufzuhalten." Nachdem so eine Behauptung aufgestellt wurde, muß der Prediger einige Fragen laut dazu stellen: Was bedeutet das? Stimmt das so? Welche Konsequenzen hat das? Wenn der Prediger nicht solche oder ähnliche Fragen stellt, ist die Predigt bereits nach der Einleitung zu Ende. Wirksame Einleitungen vermitteln ein Gefühl von Spannung - irgendetwas fehlt noch, damit die Predigt vollständig ist. Wenn die Spannung nachläßt, ist die Predigt zu Ende. Daher muß der Prediger durch diese Fragen das Thema so beleuchten, daß es unbedingt weiterentwickelt werden muß. Es kann als Lehrthema, als bewiesene Behauptung oder Anwendungsbeispiel ausgeführt werden.

Bei einer induktiven Predigt führt die Einleitung zum ersten Hauptpunkt hin, der bereits die ganze Botschaft enthalten kann. Die anderen Punkte der Predigt müssen dann sehr direkt auf diesen Punkt bezogen werden, bis die gesamte Aussage klar geworden ist.

4. Andere Merkmale

Es gibt noch weitere Merkmale einer Einleitung. Eine Predigt sollte nie mit einer Entschuldigung anfangen. Durch eine Entschuldigung hofft man vielleicht auf Sympathie, man wird aber bestenfalls Mitleid ernten. Die Zuhörer werden von diesem Prediger nicht überzeugt sein. Wenn man z.B. unvorbereitet ist, sollten das die Zuhörer selbst herausfinden und es kann ja durchaus sein, daß es nicht dazu kommt.

Die Einleitung sollte kurz sein. In der Kürze liegt die Würze! Sie muß lang genug sein, um Aufmerksamkeit zu erregen, Probleme anzusprechen und das Thema anzureißen. Sie sollte nicht mehr, aber auch nicht weniger als das enthalten. Eine alte Dame sagte einmal über den walisischen Prediger John Owen, daß dieser so lange den Tisch deckte, daß sie den Appetit verlor.

Eine Einleitung sollte nicht mehr versprechen, als nachher auch kommt. Dies wirkt wie eine Kanone, die gefeuert wird, um eine Erbse abzuschießen. Sensationelle Einleitungen zu mittelmäßigen Predigten sind wie gebrochene Versprechen und das Publikum fühlt sich betrogen.

Während der Einleitung sollte auch der Bibeltext vorgelesen werden, auf den sich die Predigt bezieht. Manche Prediger lesen den Text direkt vor der Predigt vor, besonders wenn die Predigt in Form einer Erklärung des Textes abgefaßt ist. Wenn der Text aber langweilig und leiernd vorgelesen wird, hören die Zuhörer gar nicht richtig hin und warten nur auf das, was über den Text gesagt wird. Als generelle Regel sollten kurze Textstellen erst nach der Einleitung vorgelesen werden, denn dann haben die Zuhörer schon eine Einstellung zum Text gefunden.

Mit Humor sollte man sorgfältig umgehen. Lachen ist dann angebracht, wenn es die Aufmerksamkeit auf eine Aussage hin steigert. Wenn es nur unterhält, wird der Rest der Predigt auch nicht ernst genommen. Vor einem neuen Publikum kann Humor helfen, das Eis zu brechen, aber zuviel davon stempelt den Prediger zum Komödianten. Deshalb, wenn man Humor verwendet, sollte er eine Brücke zwischen den Zuhörern und dem Prediger oder seiner Predigt darstellen.

Wie ein Prediger zum Predigerpult geht, sagt den Zuhörern eine Menge. Wenn er nicht gehetzt, sondern zuversichtlich geht, drückt er durch seine Körpersprache aus, daß er etwas Wichtiges zu sagen hat. Bevor er anfängt zu sprechen, sollte er eine kleine Pause machen, um die Aufmerksamkeit auf sich zu lenken. Er sollte mit den Zuhörern zusammen anfangen, obwohl sie nicht unbedingt gleichzeitig bis zum Ende kommen, und er sollte die Menschen unbedingt ansehen, nicht seine Notizen oder die Bibel.

Nervosität macht die Stimme hoch und schrill. Deshalb muß sich der Prediger unter Kontrolle haben und die ersten Worte mit ruhiger, gesammelter Stimme sprechen. Man kann die Spannung in der Kehle vermindern, indem man mit geschlossenem Mund gähnt oder die Zunge nach hinten in den Rachen schiebt, während man darauf wartet, seine Predigt zu halten. Tiefes Durchatmen kurz vorher hilft auch, Nervosität abzubauen. Auch eine gezielte Gestik nach den ersten paar Sätzen kann nervöse Energie in positive Körpersprache umsetzen. Das Beste, um Nervosität und Spannung des Predigers zu vermindern, ist das Bewußtsein, genau zu wissen, wie er seine Predigt starten will, bevor er zum Pult geht.

Es gibt drei Arten von Predigern: diejenigen, denen man nicht zuhören kann; diejenigen, denen man zuhören kann, und diejenigen, denen man zuhören muß. Während der Einleitung entscheiden die Zuhörer, welche Art von Prediger zu ihnen spricht.

Der Schluß

Ein erfahrener Pilot weiß, daß die Landung eines Flugzeugs besondere Konzentration erfordert. Auch ein fähiger Prediger sollte sich bewußt sein, daß ein guter Schluß sorgfältig vorbereitet werden muß. Er sollte sich, wie ein Pilot, immer im klaren sein, wo seine Predigt landet.

Tatsächlich kommt dem Schluß eine so große Bedeutung zu, daß viele Prediger ihn zuerst vorbereiten, sodaß die Predigt direkt darauf hinsteuert. Auch wenn er eine andere Technik bevorzugt, muß der Prediger sorgfältig am Schluß arbeiten, sonst kann die ganze Predigt umsonst sein.

Der Sinn des Schlusses ist, eine Predigt abzuschließen und nicht abzubrechen. Es sollte mehr sein als das Befreien aus einer mißlichen Situation: "Gott helfe uns, im Licht dieser großen Wahrheiten zu leben." Es sollte mehr sein als die Aufforderung zum Gebet, bei dem der Prediger sich wegschleichen kann, weil keiner es sieht. Der Schluß sollte das Gefühl vermitteln, daß die Sache wirklich abgeschlossen ist. Wie ein Rechtsanwalt muß auch der Prediger von seinen Zuhörern ein Urteil erwarten. Die Zuhörer sollten das Thema vollständig erfassen können und zum Schluß wissen, was Gott von ihnen verlangt. Der Schluß beantwortet die Frage nach der Konsequenz des Gesagten. Die Zuhörer müssen sich fragen: Bin ich zu diesen Konsequenzen bereit? Paul Whiteman verstand die Aufforderung nach Einleitung und Schluß folgendermaßen:" Wenn du beginnst, starte mit einem Knall, wenn du abschließt, dann mache auch wirklich Schluß!"

Auch ein Schluß kann verschiedene Formen haben, abhängig von der Predigt, den Zuhörern und dem Prediger selbst. Weil neue Elemente das Predigen interessanter machen, sollte der Prediger auch im Abschluß seiner Predigt variabel sein. Was gibt es für Möglichkeiten um eine Predigt abzuschließen?

1. Zusammenfassung

Häufig bringt ein Prediger zum Abschluß eine Rückschau auf die einzelnen Punkte, faßt sie zusammen und verbindet sie mit der Kernaussage der Predigt. Eine Zusammenfassung bindet lose Enden zusammen. Sie sollte nicht zu einer zweiten Predigt werden.

2. Illustration

Als Zusammenfassung ist oft auch eine Anekdote geeignet, die veranschaulicht, was die Wahrheit mit dem Leben zu tun hat. Sie muß sich genau auf die Kernausssage beziehen und so deutlich sein, daß sie ohne weitere Erklärungen verständlich ist. Der Schluß der Anekdote ist dann auch der Schluß der Predigt.

Peter Marshall beendete z.B. eine Predigt über Jakobus 4, 14 mit dieser spannenden Geschichte: "Eine alte Legende berichtet von einem Kaufmann aus Bagdad, der eines Tages seinen Diener zum Markt schickte. Der Diener kam schnell zurück, bleich und zitternd, und sagte mit großer Aufregung: 'Auf dem Marktplatz wurde ich in der Menge von einer Frau angerempelt. Als ich mich umdrehte, bemerkte ich, daß sie der Tod war. Sie schaute mich an und machte eine drohende Handbewegung. Herr, bitte leihe mir dein Pferd, damit ich fliehen kann. Ich will nach Samarra reiten und mich dort verstecken, damit der Tod mich nicht findet.'

Der Kaufmann lieh ihm das Pferd, und der Diener galoppierte in großer Eile davon. Später ging der Kaufmann ebenfalls zum Marktplatz und sah dort den Tod in der Menge stehen. Er ging zu ihm hin und fragte: 'Warum hast du meinen Diener so erschreckt? Warum hast du eine drohende Geste gemacht?'
'Das war keine drohende Geste', sagte der Tod 'Es war nur ein Zeichen für eine Überraschung. Ich war erstaunt, ihn in Bagdad zu treffen, weil ich eine Verabredung mit ihm habe heute Abend in Samarra.'
Jeder von uns hat ein Treffen in Samarra. Aber das ist ein Grund zur Freude - nicht zur Angst, vorausgesetzt, daß wir unser Vertrauen in Jesus gesetzt haben, der allein die Schlüssel zu Leben und Tod in der Hand hält."

3. Zitate
Ein gut ausgewähltes Zitat faßt zum Schluß den Predigtgedanken manchmal besser zusammen, als es der Prediger könnte. Es sollte kurz sein und auswendig vorgetragen werden. Einige Zeilen aus einem Gedicht oder Lied können die Wahrheit aufregend machen. Wenn ein Lied zitiert und anschließend von der Versammlung gesungen wird, verdoppelt sich die Wirkung oft. Auch ein einziger Satz aus dem Bibeltext kann den ganzen Abschnitt zusammenfassen oder anwenden. Wenn dieser Satz noch einmal zitiert wird, prägt er sich stark in das Gedächtnis der Zuhörer ein.

4. Frage
Eine passende Frage oder eine Serie von Fragen kann eine Predigt ebenfalls wirksam beenden. Beispielsweise endet eine Predigt über den barmherzigen Samariter so: "Lassen Sie mich damit zum Schluß kommen, womit ich begann. Lieben Sie Gott? Das ist großartig. Ich freue mich, das zu hören. Aber lieben Sie Ihren Nachbarn? Wie können wir davon überzeugt sein, Gott zu lieben, den wir nicht sehen, wenn wir nicht unsere Brüder und Nachbarn lieben, die wir sehen können?"

5. Gebet

Ein Gebet ist nur dann ein Schluß, wenn es sich um ein ehrliches Anliegen handelt und nicht um die Gewohnheit, eine Predigt so abzuschließen oder eine indirekte Anwendung zu verkündigen. Der ernsthafte Wunsch, daß Gott in den Herzen der Zuhörer arbeitet, kann natürlich in einem Gebet ausgedrückt werden.

6. Praktische Anwendung

Ein alter Knittelvers sagt:

> Als Tommy Snooks und Bessie Brooks
> spazierengingen am Sonntag,
> sagt Tommy Snooks zu Bessie Brooks:
> Morgen haben wir Montag.

Das ist wahrscheinlich das unterste Niveau eines Gespräches, aber für einen Prediger ist es bedeutsam. Was können die Zuhörer am Montag morgen noch mit dem anfangen, was sie am Sonntag in der Predigt gehört haben? Ein guter Schluß beantwortet diese Frage. Aber wenn der Prediger diese Frage seinen Zuhörern nicht vor Augen stellt, werden sie möglicherweise nicht imstande sein, sie zu beantworten. Nicht jede Predigt kann mit einer Anwendung enden. Einige Prediger behandeln große Fragen und haben ihr Ziel erreicht, wenn die Zuhörer die Problematik und deren biblische Lösung verstanden haben. Trotzdem werden Predigten besser ins Alltagsleben einbezogen, wenn praktische Richtlinien dazu gegeben werden.

7. Vergegenwärtigung

Im Hochgebirge warnen manchmal Schilder mit der Aufschrift: "Achtung Steinschlag!" Aber wenn die Steine herunterfallen, ist es gewöhnlich schon zu spät, ihnen auszuweichen. Nicht alle Aussagen können sofort in die Praxis umgesetzt werden. Die meisten Predigten bereiten die Menschen auf unerwartete Situationen in der Zukunft vor. Eine Zukunftsvision versetzt die Zuhörer in die Zukunft und malt Situationen aus, in denen sie das Gehörte anwenden können. Sie muß so anschaulich sein, daß jeder sich in sie hineinversetzen kann, wie folgender Schluß: "Ich weiß nicht, ob und wann es Ihnen passiert. Irgendwann werden Sie mitten in der Nacht vom anhaltenden Läuten ihres Telefons wach. Als Sie den Hörer abnehmen, sagt eine Stimme: 'Machen Sie sich auf etwas Schlimmes gefaßt - ich habe schreckliche Nachrichten für Sie.' In diesem Moment sind vielleicht die Dinge, die Sie sich aufgebaut haben zerbrochen oder jemand, mit dem Sie verbunden sind, ist tot. Wenn Ihr eigenes Leben in Trümmern liegt, sollten Sie sich an diese unerschütterliche Wahrheit halten. Gott ist zu gütig, um grausam zu sein, und zu weise, um einen Fehler zu machen."

Es gibt einige generelle Regeln für einen Schluß, egal welche Form er hat. Neues Predigtmaterial gehört nicht in einen Schluß. Die letzten Momente einer Predigt sollten das bisher Gesagte abschließen und die Zuhörer nicht mit neuen Gedanken beschäftigen. Der Schluß zielt auf das Herz und das Gefühl der Zuhörer ab.

Wir sollten den Zuhörern nicht sagen, daß wir zum Schluß kommen, wenn es gar nicht der Fall ist. Wörter wie "abschließend" oder "zusammenfassend" versprechen zu oft etwas, was dann nicht eingehalten wird. Deshalb sollten sie sparsam eingesetzt werden. In einer gut vorbereiteten Predigt sollte aber der Schluß ohne Ankündigung erfolgen.

Ein Schluß muß nicht lang sein. Manchmal hat sogar ein abruptes Ende eine eindringliche Wirkung. Ein schlecht vorbereiteter Schluß, wo merklich verzweifelt nach dem Ausgang gesucht wird, hinterläßt oft den Eindruck, daß es keinen Abschluß gibt. William E. Sangster sagt dazu:

"Wenn Du am Ende angekommen bist, dann höre auch auf. Kreuze nicht herum, um einen Landeplatz zu finden, wie ein müder Schwimmer, der vom Meer hereinkommt, herumplanscht, bis er endlich eine Stelle an der Küste findet, wo er heraus kann. Steuere genau auf diese Stelle zu und steige aus. Beende, was Du sagen willst, und sei dann still. Wenn der letzte Satz treffend und einprägsam ist, um so besser, aber tappe nicht danach herum. Deine Predigt sollte die Qualität haben, nach der sich Charles Wesley sein Leben lang gesehnt hat: Die Arbeit und die Lebensbahn sollen gleichzeitig beendet werden."

Worum ging es im vergangenen Kapitel?

Einleitung
Hauptmerkmale einer wirkungsvollen Einleitung
Schluß

Definitionen

Einleitung

- Führt die Zuhörer zum Thema, Hauptgedanken oder ersten Punkt der Predigt.

Hauptmerkmale einer wirkungsvollen Einleitung

- Weckt Aufmerksamkeit für das Thema, spricht Probleme an, lenkt die Zuhörer zum Hauptteil der Predigt und deren Entwicklung.

Schluß

- Bringt Rückschau auf das Thema, vervollständigt es und schließt es ab und versucht, die Wahrheit mit dem Herzen und dem Leben der Zuhörer zu verbinden.

Die Einkleidung der Gedanken

Der Autor des Buches "Prediger" im Alten Testament wartete bis zum Schluß, bis er seine eigene Qualifikation erwähnte. "Es bleibt noch übrig zu sagen", sagte er mit deutlicher Offenheit, "der Prediger war ein Weiser und lehrte auch das Volk gute Lehre, und er erwog und forschte und dichtete viele Sprüche. Er suchte, daß er fände angenehme Worte und schrieb recht die Worte der Wahrheit" (Prediger 12, 9-10). Dieser Prediger schrieb sein Wissen auf, um es auf gut formulierte Weise weiterzugeben.

Nicht alle Prediger bereiten ihre Predigt schriftlich vor, und wenn, dann auch nicht jede. Aber das Schreiben eines Manuskripts verbessert oftmals das Predigen. Es nimmt der Predigt die Schwammigkeit, ordnet die Gedanken und unterstreicht das Wichtigste. "Formulieren bringt einen genauen Menschen dazu, auch in seinen Gedanken und in seiner Rede genau zu sein" (Francis Bacon).

Besonders der Prediger, weil er die Inspiration der Bibel als sehr wichtig ansieht, sollte Wert auf exakte Sprache legen. Es ist sehr inkonsequent, wenn man einerseits Wert darauf legt, daß die einzelnen Wörter der Bibel göttlich inspiriert sind, andererseits die eigene Sprache vernachlässigt. Gedanken und Worte können nicht voneinander getrennt werden. So wie Farben die Vorstellungen der Künstler ausdrücken, so übertragen und schmücken Worte die Gedanken des Predigers.

Der weise Mensch, der die Sprüche schrieb, vergleicht passende Worte mit "goldenen Äpfel auf silbernen Schalen" (25, 11). "Der Unterschied zwischen den richtigen Worten und den beinahe richtigen Worten ist wie zwischen einem Blitz und einem Glühwürmchen", schrieb Mark Twain. Wie jeder begabte Autor, wußte auch der englische Dichter John Keats, wie der Stil die Gedanken gestaltet. Eines Abends, als er mit seinem Freund Leigh Hunt in seinem Arbeitszimmer saß, befaßte Hunt sich mit einer Lektüre, während Keats an einem Gedicht arbeitete. Auf einmal schaute Keats auf und fragte: "Hunt, was hältst du hiervon? ‘Ein schöner Gegenstand ist eine ewige Freude!’"

"Gut", sagte Hunt, "aber noch nicht ganz perfekt." Eine Weile war es still, dann schaute Keats wieder hoch. "Und das hier? 'Ein Gegenstand der Schönheit ist eine ewige Freude!'" "Besser", antwortete sein Freund, "aber immer noch nicht ganz gut."

Keats beugte sich wieder über seinen Schreibtisch, seine Feder glitt ruhig über das Papier. Endlich fragte er: "Was sagst du denn nun hierzu? 'Ein Gegenstand der Schönheit ist eine Freude ewiglich.'"

"Das", sagte Hunt, "wird erhalten bleiben, so lange die englische Sprache gesprochen wird!"

Wieso unterschätzen wir oft die Kraft der Worte? Die meisten Stellen der Bibel, die wir ganz besonders schätzen, sind auch in wunderbarer Sprache formuliert, z. B. Psalm 23, 1.Korinther 13, Römer 8. Obwohl Paulus die Gabe der Beredsamkeit nicht als wertvoll einstuft, schrieb er seine inspirierten Briefe mit inspirierter Sprache. Während ein Gemälde wie Rembrandts "Christus in Emmaus" uns sprachlos macht und oft ein Bild mehr als tausend Worte sagen kann, hat noch niemals jemand gewagt, Johannes 3, 16 (ein Satz mit 25 Wörtern) in einem Bild darzustellen.

Es gibt wohlklingende Worte, so brillant wie ein tropischer Sonnenaufgang, und es gibt trockene Worte, die so unattraktiv wie eine bleichsüchtige Frau sind. Es gibt harte Worte, die zuschlagen wie ein Preisboxer, und ausdruckslose Worte, die so fade wie Teewasser sind, in das ein Teebeutel kurz eingetunkt wurde. Es gibt sanfte Worte, die trösten, und eiskalte Worte, die krank machen. Einige Worte versetzen den Zuhörer, wenn auch nur einen Augenblick, ganz in die Gegenwart Gottes, und andere Worte treiben ihn die Gosse. Wir leben mit Worten, lieben mit Worten, beten mit Worten und sterben für Worte. Joseph Conrad übertrieb nur wenig, als er erklärte: "Gib mir die richtigen Worte und den richtigen Ton, und ich werde die Welt verändern!"

"Aber zum Reden bin ich nicht begabt", protestierte ein "Ein-Talent-Diener", während er seinen Dienst beerdigte. Begabung oder nicht, wir müssen Worte benutzen. Die Frage ist nur, ob wir sie stümperhaft oder gekonnt anwenden. Ein Prediger, der hart daran arbeitet, wird sich durchaus verbessern. Wenn er sich jedoch von vornherein mit C. S.

Lewis, Malcolm Muggeridge oder James S. Stewart vergleicht, kann er auch gleich seinen Bankrott erklären. Diese Dichter können aber Vorbilder sein, nach denen man sich ausrichtet. Was jeder Prediger schaffen kann, ist, eine klare und verständliche Predigt zu halten.

Unsere Wortwahl wird als Stil bezeichnet. Jeder Prediger hat seinen eigenen Stil: höflich, schwerfällig, lebhaft, genau. Der Stil wird dadurch geprägt, wie wir mit den Worten umgehen. Er zeigt, wie wir denken und welche Weltanschauung wir besitzen. Er variiert von Redner zu Redner und von Publikum zu Publikum. Vor Schülern sprechen wir in einem anderen Stil als in der Kirche im Gottesdienst. Die gestelzten Worte von Theologen sind in einem kleinen, persönlichen Hauskreis völlig fehl am Platz.

Obwohl es klare Regeln für Formulierungen gibt, ist eine Predigt kein Essay. Das Manuskript ist nicht das Wichtigste einer Predigt und sollte nicht stur abgelesen werden. Ablesen tötet eine lebendige Predigt. Auch Auswendiglernen des Manuskripts ist nicht die beste Methode, die Zuhörer zu fesseln. Es macht nicht nur sehr viel Arbeit, besonders wenn man mehrmals die Woche predigt, sondern die Zuhörer merken es auch. Der Prediger sollte am Schreibtisch mit Gedanken und Worten ringen. Das, was er dann aufschreibt, sollte er bereits verinnerlicht haben. Er kann dann anhand seiner Gliederung einige Male laut proben, wobei er aber das Manuskript nicht auswendig lernen soll. Wenn er zum Predigerpult schreitet, hat die geschriebene Predigt bereits an seinem sprachlichen Ausdruck gearbeitet. Er wird sich an das meiste seines Manuskripts erinnern, aber nicht an alles. Während der Predigt werden sich Satzstrukturen ändern und neue Sätze bilden, seine Rede wird sich ganz frei und spontan anhören. Das Manuskript bestimmt also den Stil und die Gedanken einer Predigt mit, aber es diktiert nicht den genauen Wortlaut.

Das Formulieren einer Predigt ist etwas anderes als das Schreiben eines Buches. Ein Prediger muß so schreiben, als würde er mit jemandem reden. Wie in einem Gespräch muß er sich darum bemühen, sofort verstanden zu werden. Ein Autor weiß, daß seine Leser nicht jeden Gedanken sofort verstehen müssen. Der Leser kann jede Seite mit Muße lesen, darüber nachdenken, sich mit den Gedanken auseinandersetzen und so schnell vorangehen, wie er selbst es für richtig hält. Wenn er auf ein unbekanntes Wort stößt, kann er aufstehen und in einem Wörterbuch nachschlagen. Und wenn er den roten Faden verloren hat, kann er nochmal zurückschlagen, um ihn wiederzufinden.

Kurz gesagt, der Leser kann über das Geschehen bestimmen. Ein Zuhörer kann sich nicht den Luxus der gemächlichen Reflexion leisten, er kann nicht noch einmal zurückgehen, um das Gesagte ein zweitesmal zu hören. Wenn er es nicht sofort behält, wird es ihm verlorengehen. Wenn er anhält, um über das Gesagte nachzudenken, wird er das, was gerade vorgetragen wird, überhören. Ein Zuhörer ist dem Prediger ausgeliefert, deshalb muß der Prediger sich so ausdrücken, daß seine Zuhörer ihn sofort verstehen können.

Einige Techniken können dem Prediger helfen, lebhaft zu denken und klar zu sprechen. Einige Prediger beschriften und numerieren ihr Manuskript genau wie die Gliederung. Dadurch prägen sie sich die Punkte und Unterpunkte besser ein. Weil die Überleitungen zwischen den einzelnen Punkten in der gesprochenen Kommunikation eine wichtige Rolle spielen, nehmen sie viel Raum in einem Manuskript ein. Der Zuhörer hört die Predigt nicht wie einen Umriß, sondern als Sätze, die aneinander gereiht sind. Überleitungen sind wie Straßenschilder, die anzeigen, an welcher Stelle der Predigt man sich befindet und wie es weitergeht. Die Hauptüberleitungen erinnern die Zuhörer an das Thema und die Kernaussagen; sie blicken zurück auf die schon erwähnten Hauptpunkte und zeigen, wie die Punkte zur Kernaussage und zueinander Beziehung haben und leiten zum nächsten Punkt über. Und so kann man sehen, das die Hauptüberleitungen einen ganzen Abschnitt und mehr im Manuskript einnehmen können. Kleinere Überleitungen bestehen manchmal aus nur einem Wort (*deshalb, daneben, trotzdem, folglich*) oder einem Satzteil (*ergänzend hierzu, was soviel heißt wie, als Folge davon*). Ein Autor mag Überleitungen nur andeuten, aber ein Redner muß sie ausführen. Klare, deutliche und definitive Überleitungen sehen auf dem Papier oft plump aus, aber sie gehen während der Predigt leichter von den Lippen und helfen den Zuhörern, die Gedanken des Predigers nachzuvollziehen.

Ein klarer Stil

Welchen Stil sollte ein Prediger entwickeln? Der Stil sollte vor allen Dingen klar sein. Talleyrand bemerkte einmal, daß die Sprache die menschlichen Gedanken verbergen und nicht enthüllen sollte. Manche gebildeten Leute sprechen wirklich so, als wäre Talleyrand ihr Sprachlehrer gewesen. Sie versuchen, die Zuhörer von der Tiefe ihrer Gedanken durch ihre unklare Sprache zu beeindrucken. Aber eine Predigt ist nicht tiefgehend, weil sie verworren ist. Alle gut durchdachten Punkte können auch einfach und klar formuliert werden. Poincaré, der großartige brillante französische Mathematiker, behauptete: "Man versteht so lange nichts von höherer Mathematik, bis man sie dem Mann auf der Straße verständlich machen kann!" Gleichermaßen hat ein Prediger seinen Bibeltext oder einen theologischen Gedanken erst dann selbst verstanden, wenn er ihn seiner Gemeinde klar und verständlich vortragen kann.

Klarheit hat für einen Prediger moralische Bedeutung, denn eine Predigt kann Menschen zu Gott hin- oder von ihm wegbringen. Helmut Thielicke erinnert uns daran, daß Widerstand nicht dadurch hervorgerufen wird, daß die Leute zu wenig verstehen, sondern daß sie zu gut verstehen und es nicht wahrhaben wollen. Stellen Sie sich vor, auf einer Massenveranstaltung in der Sowjetunion würde ein Kommunist gegen das Christentum lästern. Jemand aus der Menge springt auf und ruft: "Jesus ist der Messias!" Das Publikum ist aufgeschreckt, und er wird hinausgeworfen, weil er die Veranstaltung gestört hat. Aber was wäre passiert, wenn er gerufen hätte: "Jesus Christus ist Gott! Er ist der einzige Herr. Alle, die dieses System für göttlich halten, werden zur Hölle fahren, an der Spitze die kommunistischen Anführer!" Er würde riskieren, von der Menge in Stücke gerissen zu werden. Klarheit in der Botschaft bringt die Anstößigkeit des Evangeliums zum Ausdruck. Sie bewirkt auch Leben und Hoffnung.

1. Klare Gliederung

Wie bringen wir Klarheit in unsere Gliederung? Klare Manuskripte bauen auf klaren Gliederungen . Kommunikation entsteht im Verstand, nicht in den Fingern, nicht im Mund, sondern im Kopf. Einige Prediger haben recht sprunghafte Gedanken. Obwohl sie zum Nachdenken anregen, sind ihre Gedanken unlogisch. Ihr Zickzackkurs ist für die Zuhörer tödlich. Nach einer verwirrenden halben Stunde mit einem sprunghaften Prediger ist ein Gespräch mit einem langweiligen Freund eine echte Wohltat. Genauso fühlt man, wenn man ein sanftes Kätzchen im Schoß streichelt, nachdem man ein quirliges Eichkätzchen zu halten versucht hat. Eine klare Gliederung legt der Sprunghaftigkeit Zügel an. An der Formulierung einzelner Punkte zu arbeiten, ohne daß man weiß, was man sagen will, ist sinnlos. Klare Manuskripte ergeben sich erst durch klare Gliederungen.

2. Kurze Sätze

Um Klarheit zu gewinnen, müssen die Sätze kurz sein. Rudolf Flesch behauptet in seinem Buch: "Die Kunst des klaren Ausdrucks", daß die Klarheit in dem Maße zunimmt, wie die Satzlänge abnimmt. Nach Flesch hat ein Satz im Durchschnitt 17 oder 18 Wörter und er würde keinen Satz mit mehr als 30 Wörter zulassen. Kurze Sätze in einem Predigtmanuskript bewahren den Gedanken vor Verwirrung und helfen dem Prediger, sie besser zu behalten. Während der Predigt denkt er nicht an Satzlängen, Beistriche, Punkte oder Ausrufezeichen. Indem er sich verständlich macht, kommen seine Worte in langen oder kurzen, sogar abgehackten Sätzen, unterstrichen durch Pausen, Stimmanhebungen und -senkungen und Variationen der Stimme, Geschwindigkeit und Lautstärke. Während kurze Sätze im Manuskript sein Gedächtnis unterstützen, haben sie aber wenig mit seinem Vortrag zu tun.

3. Einfache Satzstrukturen

Die Satzstruktur sollte einfach sein. Als Grundregel für einen klaren Stil gilt: Subjekt, Prädikat und, wenn nötig, Objekt. Grammatikalisch gesprochen sollte man sich zuerst auf die unabhängigen Satzteile konzentrieren, bevor man die abhängigen Satzteile hinzufügt. (Ein unabhängiger Satzteil ist ein vollständiger Satz, ein abhängiger Satzteil nicht.) Wenn wir beginnen, einen Satz aufzuschreiben, ohne zu wissen, was wir damit sagen wollen, verlieren wir uns leicht in unwichtigen Details. Zu viel abhängige Satzteile aneinander gereiht komplizieren den Satz, und er ist schwer zu verstehen und zu behalten. Der Stil wird klarer, wenn in einem Satz nur ein Gedanke ausgedrückt wird. Zwei Gedanken benötigen zwei Sätze. Arthur Schopenhauer schimpfte einmal: "Es ist impertinent, jemanden zu unterbrechen, der gerade spricht; aber es ist nicht weniger impertinent, sich selbst zu unterbrechen." Komplizierte Sätze haben noch einen weiteren Nachteil. Sie verlangsamen das Tempo der Predigt. Henry Ward Beecher sagt dazu: "Eine Rute mit Blättern surrt nicht."

4. Einfache Worte

Zu einem klaren, deutlichen Stil gehören auch einfache Worte. Campbell berichtet uns von einem Witzbold, der in einem Augenblick der Frustration ausrief: "Jeder Beruf ist eine Verschwörung gegen die Laien." Jeder Bürger, der sich schon einmal mit seiner Einkommensteuer herumgeschlagen hat, kennt die komplizierten Erklärungen und Vorschriften des Finanzamts. Richter sichern ihren Stand ab, indem sie die Gesetze in schwer verständliche Gesetzbücher verpacken. Wissenschaftler halten sich den kleinen Mann dadurch vom Hals, daß sie Symbole und Formeln benutzen, die nur der Eingeweihte versteht. Theologen und Pastoren bewahren sich anscheinend auch ihre Jobs, indem sie auf eine Sprache zurückgreifen, die für gewöhnliche Sterbliche unverständlich ist. Ein Prediger sollte keine Fachsprache benutzen. Sie ist nur nützlich für Spezialisten innerhalb einer Disziplin, um sich untereinander verständigen zu können. Außerhalb des Fachgebiets ist sie unbrauchbar. Man studiert vielleicht 4-5 Jahre, um einen Abschluß zu bekommen, aber es dauert 10 Jahre, um wieder "normal" zu reden. Wenn ein Prediger seine Predigt mit Worten wie *Eschatologie, Pneumatologie, Exegese, existential, paulinisch* würzt, baut er Kommunikationsbarrieren auf. Fachjargon verbindet die Anmaßung "großer Worte" mit der Leblosigkeit von Klischees. Er wird oft mehr gebraucht, um Eindruck zu machen, als um zu informieren.

Man sollte kurze Worte benutzen, es sei denn, ein längeres ist absolut notwendig. Josh Billings bricht eine Lanze für Einfachheit und Klarheit, indem er sagt: "Junger Mann, wenn Du im Duden nach Worten suchst, die großartig genug sind, um Deine Bedeutung zu unterstreichen, dann, glaub mir, ist Deine Bedeutung nicht sehr groß." Lange Worte lähmen sich selbst. Eine Legende erzählt, daß einmal ein junger Autor eine Idee für einen Werbetext zu einer neuen Seife hatte: "Die Alkaloide und Fette dieses Produkts sind in der Weise verbunden, daß damit höchste Seifen-Qualität garantiert werden kann. Darüberhinaus ist diese Seife so leicht, daß sie auf dem Wasser schwimmt, so daß der Badende keine Probleme mehr mit dem Fischen nach ihr hat, wenn sie aus seine Hand gleitet. " Ein erfahrener Werbetexter faßte denselben Gedanken in zwei einfache Worte: "Sie schwebt." George G. Williams behauptet, daß 70 bis 78 Prozent aller Wörter, die von W. Somerset Maugham, Sinclair Lewis, Robert Louis Stevenson und Charles Dikkens gebraucht werden, nur eine Silbe haben.

Egal, wie exakt ein Wort die Meinung des Redners ausdrückt, es ist wertlos, solange die Zuhörer die Bedeutung nicht kennen. "Rede so", sagte Abraham Lincoln, "daß die einfachen Menschen es verstehen, die anderen haben dann auch keine Probleme damit." Billy Sunday, ein bekannter Evangelist, hat die Bedeutung der Einfachheit verstanden. Er sagte: "Ein Mann nahm sich eine Scheibe Fleisch, kostete sie und verzog angewidert sein Gesicht. Sein kleiner Sohn fragte ihn: 'Was ist damit, Vati?' er antwortete: 'Dieses Fleisch hier befindet sich im Prozeß der Zersetzung in seine chemischen Bestandteile.' Der Junge verstand nichts. Wenn sein Vater gesagt hätte: 'Es ist verfault.' hätte der Junge verstanden und seine Nase zugehalten. 'Verfault' ist ein gebräuchliches deutsches Wort, das man nicht im Wörterbuch nachschlagen muß, um seine Bedeutung zu erfassen."

Das bedeutet nicht, daß der Prediger seine Zuhörer wie Minderbegabte behandeln soll. Seine Faustregel sollte sein: Überschätze nicht den Sprachschatz der Zuhörer, und unterschätze nicht ihre Intelligenz.

Ein direkter und persönlicher Stil

Ein zweites Hauptmerkmal des Stils ist Direktheit und Personbezogenheit. Während sich Geschriebenes an die richtet, die es interessieren mag, wendet sich eine Predigt an die Männer und Frauen, die sich am 15. Juli um 9.30 bei Regen in der Gemeinde von Y einfinden. Der

Autor und sein Leser sind weit voneinander entfernt und haben keine Beziehung zueinander. Der Prediger spricht von Angesicht zu Angesicht mit seinen Zuhörern und kennt sie mit Namen. Während geschriebene Sprache die Ergebnisse des Denkens vermittelt, repräsentiert gesprochene Sprache die Spontaneität der Gedanken, die Donald C. Bryant und Karl R. Wallace als "impulsive Realisation von im Moment des Vortrags entstandenen Ideen" bezeichnen. Deshalb ist eine Predigt kein Vorlesen einer Dissertation. Sie sollte wie ein Gespräch klingen, bei dem der Prediger mit seinen Zuhörern redet. Beide haben dann das Gefühl, verbunden zu sein.

Predigten sollten sich direkt an die Zuhörer wenden. Ein Autor kann sagen: "Ein Christ muß vorsichtig sein, wie er im Gespräch über andere redet." Ein Prediger müßte das viel direkter ausdrücken: "Sie müssen aufpassen, wie Sie über andere reden." Der Gebrauch des Personalpronomens *Sie* oder *Du* gibt das Gefühl von Direktheit. Manchmal benutzt der Prediger auch das Wort *Wir*, weil er dann sich selbst und die Zuhörer meint. Das *wir* in der direkten Anrede steht im Gegensatz zum geschriebenen *wir*, das anstelle des Fürwortes *ich* steht. Das geschriebene *wir* klingt, als würde der Prediger für ein Komitee sprechen. Das gesprochene *wir*, genauso wie das *wir* einer guten Unterhaltung, bedeutet *du und ich gemeinsam*. Ein Redner kann Fragen verwenden. Sie fordern die Zuhörer auf, selbst darüber nachzudenken, was der Prediger als nächstes sagen wird. Sie können auch zu einer Antwort auf bereits Gesagtes hinführen und werden oft benutzt, um eine Predigt abzuschließen. Fragen zeigen am deutlichsten, daß die Zuhörer direkt angesprochen sind.

Ein persönlicher Stil hält sich wenig an formale Regeln. Was für ein gutes Gespräch passend ist, eignet sich auch für die Predigt. Das heißt natürlich nicht, daß alles möglich ist. Schlechte Grammatik und fehlerhafte Aussprache nerven die Zuhörer genauso wie Gekicher bei einer Gebetsversammlung. Sie werfen Zweifel auf an den Fähigkeiten des Predigers.

Eine lässige Umgangssprache ruft verschiedene Reaktionen hervor. Wenn sie überlegt eingesetzt wird, fördert sie die Aufmerksamkeit und vermittelt ein Gefühl von Zwanglosigkeit. Bei gedankenlosem Gebrauch klingt Slang banal oder sogar schmutzig und verrät den Prediger als schlampigen Denker. Persönliche, direkte Rede ist nicht dasselbe wie unsaubere Sprache oder schlechtes Deutsch. Die Sprache einer guten Predigt sollte die Sprache eines guten Gesprächs sein.

Ein lebendiger Stil

Ein drittes Merkmal für einen guten Predigtstil ist Lebendigkeit. Wayne C. Minnick behauptet, daß eine Predigt, die an die Erfahrung der Zuhörer anknüpft, sowohl den Verstand als auch das Gefühl anspricht. Wir lernen unsere Umwelt durch Hören, Sehen, Schmecken, Fühlen und Berühren kennen. Ein Prediger muß an diese fünf Sinne appellieren, um den Zuhörern seine Botschaft näherzubringen. Direkt geht das durch Sehen und Sprechen. Die Zuhörer sehen seine Gesten und seine Mimik und hören, was er sagt. Die anderen Sinne stimuliert der Prediger indirekt durch den Gebrauch entsprechender Wörter. Mit Hilfe der Sprache können die Zuhörer an zurückliegende Ereignisse erinnert werden, und sie reagieren so, wie sie damals reagiert haben. So läuft uns das Wasser im Mund zusammen, wenn wir an *warme knusprige Brötchen* denken. Diese Reaktion bricht augenblicklich ab, wenn wir mit Schaudern vernehmen, daß Würmer darauf herumkriechen. Der Prediger kann die Leute dazu bringen, Erfahrungen, die sie noch nicht gemacht haben, mit ihnen bekannten Gefühlen zu verbinden.

Lebendigkeit wird durch den Gebrauch von genauen und konkreten Einzelheiten erreicht. Wir nennen einen Satz dann "genau", wenn er deutlich und exakt ist. "Konkret" ist er, wenn er Bilder und Vorstellungen zu wecken vermag. Die Zahl 1.923.212,92 DM ist genau bis auf den Pfennig, aber nicht konkret. Die Zahl 275,- DM auf der Heizkostenrechnung dagegen ist konkret. Die erste Zahl kann man sich nicht bildlich vorstellen, wohl aber die zweite. Genaue Einzelheiten werden interessant, wenn sie auch konkret und vorstellbar sind. Deshalb ist es besser "Kohlköpfe, Gurken und Orangen" zu sagen als "landwirtschaftliche Erzeugnisse". Anstelle von "Großstädte" kann man "Berlin" oder "Frankfurt" sagen. Die folgende Behauptung ist abstrakt: "In unserem Kurs über menschliche Erfahrungen haben wir bemerkt, daß die Ereignisse unseres Lebens zyklischen Charakter haben. Das Wissen darüber wird dem Beobachter ein hohes Maß an Angemessenheit in unserem Verhalten geben." Der Prediger im Buch Prediger drückt dieselben Gedanken so aus: "Ein jegliches hat seine Zeit, und alles Vorhaben unter dem Himmel hat seine Stunde: geboren werden hat seine Zeit, sterben hat seine Zeit . . . weinen hat seine Zeit, lachen hat seine Zeit; klagen hat seine Zeit, tanzen hat seine Zeit . . . schweigen hat seine Zeit, reden hat seine Zeit" (Prediger 3, 1-7).

Ein Prediger muß lernen, in Bildern zu denken, er muß Einzelheiten visualisieren können. Gustave Flaubert gab seinem Schüler Guy de Maupassant einmal einen Auftrag: "Wenn du zum Bahnhof gehst, wirst du dort an die 50 Droschken finden. Sie sehen alle fast gleich aus, aber sie sind nicht alle gleich. Suche dir eine heraus und beschreibe sie so genau, daß ich sie nicht verfehlen kann, wenn ich sie später einmal sehe." Konkrete Sprache setzt genaue Beobachtung voraus. Wenn wir das Leben nicht beobachten, können wir es nicht darstellen.

Lebendigkeit ergibt sich auch durch den Gebrauch von Substantiven und Verben. Adjektive und Adverbe überladen die Sprache. E. B. White sagt dazu: "Es gibt kein einziges Adjektiv das ein schwaches oder ungenaues Wort von einem kritischen Platz wegziehen könnte." Starke Substantive und Verben stehen für sich. Ein "großer Mann" sollte "Riese" genannt werden; ein "großer Vogel" ein "Pelikan". Man sagt "er brüllte", nicht "er sprach laut" oder "er trottete" und nicht "er ging langsam". Besonders vorsichtig sollten Wörter wie *sehr, überaus, fast, ziemlich, höchst* gebraucht werden. Sie lassen eine genaue Wortwahl vermissen. "Kochendheiß" ist eine starke Bezeichnung, "sehr heiß" weniger stark; "qualvoll" ist besser als "zu schmerzhaft", und "faszinierend" ist ein stärkerer Ausdruck als "überaus interessant".

Verben sollten lebendig sein. Aktive Zeitwörter bringen Leben in die Sprache. Passiv gebrauchte Verben wirken lähmend. "Meinungen und Urteile werden auf der Basis unseres Wissens von uns gebildet" klingt tot. "Wir denken auf Grund unserer Erfahrungen" besitzt Ausdruckskraft. "Für alle ist es eine gute Zeit gewesen" zieht sich dahin, während "Alle haben Spaß gehabt" reißt mit. Verben wie Substantive regen die Vorstellungskraft an, wenn sie genau sind. Er *ging* ist nicht so deutlich wie *schlich, stolperte, schlurfte, torkelte*. Sie *schrie, kreischte, schimpfte, flüsterte* sagt uns mehr als *sie sagte*.

Die Lebendigkeit wächst auch durch den Gebrauch von unverbrauchten Redewendungen, Metaphern und Gleichnissen, durch die sich die Zuhörer an frühere Erfahrungen zurückerinnern können. Alexander MacLaren stimuliert ein körperliches Empfinden bei den Zuhörer, indem er sagt: "Die Sünde ist wie Tang, in dem man einmal gefangen, von seinen Fangarmen festgehalten und unweigerlich in die Tiefe gezogen wird." George Byron appelliert an das visuelle Vorstellungsvermögen:

"Die Assyrer stürzten sich hinunter wie der Wolf auf den Schafpferch, und ihre Kohorten glänzten alle in Silber und Gold."

Charles Spurgeon weckte die Sinne, indem er in einem Gleichnis an ein vergangenes Zeitalter erinnerte, "als das große Universum noch in der gedanklichen Vorstellung Gottes war wie ungeborene Wälder in einer Eichel." Alfred North Whitehead ruft so eine Vorstellung wach: "Wissen ist schwerer aufzubewahren als Fisch." Redewendungen sparen Zeit. Mit ihnen kann etwas treffender ausgedrückt werden als durch viele Sätze. Dazu einige Beispiele:

- *Schlagwörter sind keine Argumente, sondern nur zur Faust geballte Gedanken.* (Kurt Wildner)
- *Ein Gott, der kirchlich gedacht wird, hindert die Kirche daran, gottesgemäß zu werden.* (Kurt Marti)
- *Auch mit edlen Ideen kann man die Welt verwüsten.* (Jüdisches Sprichwort)

Metaphern und Redewendungen müssen unverbraucht sein. Die wörtliche und übertragene Bedeutung sollten für beide gleichermaßen treffend sein. Wenn die Redewendung schon abgedroschen ist, langweilt sie die Zuhörer und hat keine Kraft mehr. Hier sind einige oft gebrauchte Wendungen, die uns kaum noch berühren:

verlorene Welt
wiedergeborener Christ
Seelen retten

Gebetsgemeinschaft
Heilsgewißheit
Gemeinschaft haben
das reine Evangelium
eine gesegnete Zeit haben
Gebetslast

Wenn Vergleiche schal geworden sind, muß man sich nach neuen umsehen. Wir müssen die ewige Botschaft mit modernen Worten ausdrücken. Deshalb sollte ein Prediger Zeitungen und Zeitschriften lesen, Radio hören und fernsehen, um mit der Sprache vertraut zu werden, in der heute die Menschen unsere Gesellschaft gefangen sind. Linguisten machten die Beobachtung, daß die Sprache vom Predigerpult aus meistens "ungenau, irrelevant und unbedeutend" ist, und bestätigen damit, was den meisten Gottesdienstbesuchern schon längst aufgefallen ist.

Ein wirksamer Redestil kann nicht gelernt werden wie eine mathematische Formel. Ein guter Redner hat ein Auge für Besonderheiten und sucht nach bedeutsamen Ähnlichkeiten zwischen Dingen, die normalerweise nicht zusammengehören. Genau das ist nötig bei einer wirkungsvollen Predigt. Prediger, die Gottes Kreativität repräsentieren, sollten sich unterstehen, "Holzköpfe ohne zündende Ideen zu werden" (Robert Browning).

Wie können wir vermeiden, daß das, was wir sagen uninteressant klingt?

1. *Gib acht auf deinen privaten Sprachgebrauch.* Sprich auch im privaten Gespräch nicht neutral und seicht. Suche frische Vergleiche in deinem Alltag, die du dann auch in der Predigt verwenden kannst. "Obwohl Illustrationen so normal für mich sind wie das Atmen, benutze ich jetzt 50, wo ich früher nur eine benutzt habe ... Ich entwickelte eine Neigung, die schon in mir vorhanden war, und bildete sie aus. Indem ich las und es praktizierte, durch viele Versuche mit der Feder und improvisierend, wo ich gerade war" (Beecher).

2. *Beobachte und erforsche, wie andere die Sprache gebrauchen.* Wenn ein Autor oder Redner dich aufrüttelt, solltest du untersuchen, warum das so ist. Weil Poesie voll ist von Metaphern und Gleichnissen, solltest du Gedichte lesen, um ein Gefühl für ansprechende Wendungen zu bekommen.
3. *Lese laut.* Laut lesen hat zwei Vorteile. Dadurch wird sich dein Wortschatz erweitern. Kinder lernen durch Hören und Nachahmen sprechen, lange bevor sie lesen und schreiben lernen. Laut lesen wiederholt diese Erfahrung. Zweitens werden sich, wenn du ein Buch in gutem Stil liest, neue Sprachmuster in dein Unterbewußtsein einprägen. Du wirst ein Gefühl für bildhafte Sprache bekommen. Lese deiner Frau und deinen Kindern vor, so daß du gezwungen wirst mit Gefühl vorzulesen. Lies Novellen, Theaterstücke, Predigten und besonders die Bibel. Die Lutherbibel hat eine kraftvolle, aber altertümliche Sprache. Die Gute Nachricht ist eine Übersetzung in heutigen Deutsch. Der Stil beider Übersetzungen kann beeindrucken.

Worum ging es im vergangenen Kapitel?

Stil
Merkmale eines wirkungsvollen Predigtstils
  klar
  direkt und persönlich
  lebendig

Definition

Stil - Wortwahl.

Wie der Predigtvortrag, so das Zuhören

Die meisten Predigtbücher sagen viel zur Erarbeitung von Predigten, aber wenig über deren Vortrag. Das macht sich bei den meisten Predigern bemerkbar. Obwohl sie viele Stunden über der Predigtvorbereitung brüten, denken sie kaum über den Vortrag selbst nach. Eine Predigt wird erst dann lebendig, wenn sie gehalten wird. Eine Predigt unfähig vorgetragen, erreicht die Zuhörer wie eine Totgeburt.

Die Wirkung einer Predigt basiert auf zwei Faktoren: Inhalt und Vortragsweise. Beide sind wichtig. Ohne realitätsbezogenen, biblischen Inhalt haben wir nichts zu sagen; aber ohne einen gewandten Vortrag kommt der Inhalt beim Publikum nicht an. Zu einer Predigt gehören Gedanken, Anordnung, Sprache, Stimme und Gestik. Gestik und Stimme sind die sichtbarsten und damit für den Vortrag bestimmendsten Elemente. Alle empirischen Studien über den Vortragsstil und dessen Wirkung auf die Vermittlung des Inhalts kommen zum selben Schluß: Der Vortragsstil spielt eine wichtige Rolle.

Stimme und Gestik berühren die Sinne der Zuhörer unmittelbar und vermitteln durch ihre Modulation und Gestaltung die Gefühle und Einstellungen des Predigers mehr, als es seine Worte tun. In den 70er Jahren haben Wissenschaftler aus verschiedenen Fachrichtungen - Psychologen, Anthropologen, Soziologen, Kommunikationswissenschaftler - die Wirkung der nonverbalen Kommunikation untersucht. Sie beobachteten, welche Botschaften vermittelt werden durch die Art, wie wir sitzen oder stehen, durch Mimik, Gestik und sogar dadurch, wie dicht wir beieinander stehen, wenn wir uns unterhalten. Als Nebenprodukt dieser Untersuchungen erschienen einige Bücher, die sich mit der Interpretation der Körpersprache für den persönlichen Gebrauch beschäftigen. Der Absolutheitsanspruch dieser Bücher bescherte ihnen wahrscheinlich genauso viele Skeptiker wie Anhänger. Individuelle und kulturelle Verschiedenheiten in der nonverbalen Kommunikation lassen dogmatische Definitionen als zu vereinfachend, wenn nicht sogar gefährlich erscheinen. Wenn ich behaupte, über der Brust verschränkte Arme, bedeuten, daß der Sprecher seine Zuhörer ausschließen wollte, so entspricht das der Behauptung, das Wort *Modell* bedeutet immer die verkleinerte Abbildung eines größeren Objektes.

Trotzdem wird nicht ernsthaft abgestritten werden können, daß wir auch dann kommunizieren, wenn wir nicht sprechen. Menschen, die durch eine Freundschaft verbunden sind, glauben oft, daß ein Zeichen für die Tiefe ihrer Freundschaft darin liegt, daß sie sich auch ohne Worte verstehen. Zufällige Bekannte oder sogar fremde Menschen wirken freundlich, ärgerlich oder besorgt auf uns durch ihre Körperhaltung, Mimik oder den Ton ihrer Stimme. Lächeln, Stirnrunzeln, Anstarren, Zuzwinkern oder das Aufleuchten der Augen hat starken Einfluß darauf, ob wir diese Person mögen oder nicht und ob wir ihr vertrauen oder mißtrauen. Der Schreiber der Sprüche verstand die Macht der nonverbalen Kommunikation: "Ein heilloser Mensch, ein nichtswürdiger Mann, wer einhergeht mit trügerischem Munde, wer winkt mit den Augen, gibt Zeichen mit den Füßen, zeigt mit den Fingern, trachtet nach Bösem und Verkehrtem in seinem Herzen und richtet allezeit Hader an" (Sprüche 6, 12-14). Augen, Hände, Gesicht und Füße vermitteln den Zuhörern genausoviel wie Worte - wenn nicht sogar mehr. Der Psychologe Albert Mehrabian hat versucht, die Anteile dieser Kommunikationsformen in Prozenten auszudrücken. Er meint, daß nur 7 Prozent der Botschaft durch Worte vermittelt wird; 38 Prozent durch die Stimme und 55 Prozent durch die Mimik des Redners.

Einige dieser Feststellungen lassen sich durchaus auf das Predigen übertragen. Zunächst einmal kommt der nonverbalen Sprache in einem öffentlichen Vortrag strategische Bedeutung zu. Wenn wir vor den Zuhörern stehen und mit unserer Rede beginnen, spielen drei verschiedene Kommunikationswege gleichzeitig eine Rolle: unsere Worte, unsere Intonation und unsere Gestik. Sie alle vermitteln bestimmte Eindrücke. Als der Schauspieler George Arliss zum erstenmal das Stück *Disraeli* las, riet er dem Autor, zwei Seiten davon wegzulassen. "Das, was darin steht, kann ich durch einen einzigen Blick ausdrükken", sagte er. "Was für ein Blick?" fragte der Autor. Arliss führte es vor, und die Seiten wurden gestrichen. Handlungen sind tatsächlich oft viel ausdrucksvoller als Worte. Wenn man den Finger auf die geschlossenen Lippen legt, drückt das mehr aus als die Worte "Sei still". Aufreißen der Augen und Hochziehen der Augenbrauen vermitteln ein Überraschtsein besser als alle Worte, und ein Achselzucken kann kaum in Worte gefaßt werden. Allgemein kann gesagt werden, daß nonverbale Kommunikationsformen häufiger Emotionen und Einstellungen vermitteln. "Ergänzend zu dem, was wir verbal mitteilen, drücken wir immer auch unsere wahren Gefühle durch unsere stumme Sprache aus - die Sprache unseres Verhaltens" (Edward T. Hall).

Zweitens stimmen Forschung und Erfahrung darin überein, daß die Zuhörer eher die nonverbalen Signale wahrnehmen und ihnen glauben, wenn diese nicht mit den verbalen Botschaften übereinstimmen. Es scheint weitaus schwieriger zu sein, mit dem ganzen Körper zu lügen als nur mit den Lippen. Sigmund Freud schreibt in diesem Zusammenhang: "Ein Sterbender kann kein Geheimnis für sich behalten. Wenn er nicht mehr sprechen kann, bewegt er seine Fingerspitzen; Verrat entweicht aus jeder seiner Poren." Ein Prediger kann zwar behaupten: "Dies ist sehr wichtig!", aber wenn seine Stimme langweilig und ausdruckslos klingt und er kraftlos dasteht, wird ihm das keiner glauben. Wenn ein Prediger mit der Faust droht und mit vorwurfsvollem Ton sagt: Diese Gemeinde braucht mehr Liebe und tiefere gegenseitige Annahme!" dann fragen sich die Zuhörer wahrscheinlich, ob der Pastor überhaupt weiß, wovon er spricht. Weil ein großer Teil des Predigens mit der persönlichen Einstellung des Predigers zu tun hat, die entweder mit dem Gesagten übereinstimmt oder ihm widerspricht, sollte der Prediger genau auf seine Vortragsweise achten.

Drittens beginnt ein wirkungsvoller Vortrag mit einer starken Motivation. Der humoristische Philosoph Abe Martin behauptete: "Der Unterschied zwischen Profis und Amateuren ist unvorstellbar groß!" Der Amateur, der öffentlich redet, spricht Worte aus. Der Profi hingegen hat den tiefen Wunsch, etwas zu vermitteln. Der Amateur ist damit beschäftigt, die Ideen aus seinem Kopf zu kramen, während der Profi darum ringt, seine Ideen in unsere Köpfe hineinzubringen. Sprachtechnisches Wissen und Rhetorikkurse können niemals Überzeugungen und Verantwortungsgefühl ersetzen. Die feste Gewißheit, etwas zu sagen zu haben, und der starke Wunsch, daß es die Zuhörer verstehen und in ihrem Alltag umsetzen mögen, sind die wesentlichen Motive für einen guten Predigtvortrag. Sie geben der Predigt den notwendigen emotionalen "touch". Deshalb sollte ein Vortrag auch einem normalen Gespräch ähneln. Wenn wir uns darauf konzentrieren, daß unsere Gedanken auch wirklich bei den Zuhörern ankommen, wird unser Vortrag natürlich und nicht verkrampft sein. Charles R. Brown beschreibt z. B. den Vortragsstil von George Macdonald in London: "Er las am Morgen das elfte Kapitel des Hebräerbriefes. Als er dann mit seiner Predigt begann, sagte er: 'Sie haben schon alle von diesen Glaubensmännern gehört. Ich sollte nicht versuchen, Ihnen zu erklären, was Glauben ist, denn das können Theologieprofessoren viel besser als ich. Ich möchte Ihnen helfen zu glauben.' Dann folgte eine einfache, von Herzen kommende und großartige Rede über sein eigenes Glaubensleben, damit die Zuhörer begreifen konnten, was persönlicher Glaube ist und wie jeder von ihnen glauben lernen kann. Er war ganz bei der Sache, und sein Vortrag war deshalb so wirkungsvoll, weil er auf dem offensichtlichen Reichtum seines inneren Lebens beruhte."

"Er war ganz bei der Sache"; keine Technik kann dies ersetzen. Echtheit, Begeisterung und Eifer reißen die Maske herunter und lassen das wahre Selbst zum Vorschein kommen. In diesem Sinne wird ein wirkungsvoller Vortrag einem normalen Gespräch nahekommen.

Das bedeutet aber nicht, daß unsere Umgangssprache immer auch die beste Sprache für eine Predigt ist. Wie wir uns privat unterhalten, hat viel mit unserer Erziehung und unseren Angewohnheiten zu tun. Wir können eine ausdrucksarme Sprache haben oder auch z. B. schlechte Tischmanieren oder eine schlechte Körperhaltung. Was in unserem Privatleben oft nicht auffällt, wird dagegen oft sehr deutlich, wenn wir einen Vortrag halten. Wenn wir vor den Zuhörern stehen, werden unsere schlechten Angewohnheiten für jeden sichtbar. Feuchte Hände in den Taschen, nervöses Zupfen des Ohres, Spielen mit dem Ehering, Fummeln an der Krawatte und Scharren mit den Füßen wirken genauso negativ wie ein fehlerhafter Satzbau. Gekünsteltes und unechtes Verhalten mag von Freunden und Bekannten toleriert werden. Es fällt den Zuhörern bei einem Vortrag aber sofort auf und lenkt ihre

Aufmerksamkeit vom Inhalt ab. Körperbewegungen müssen deshalb bei einer Predigt sparsam und diszipliniert eingesetzt werden.

Die ersten Versuche, den eigenen Vortragsstil zu verfeinern, erscheinen unnatürlich. Als Anfänger denkt man vielleicht, daß der Prediger doch kein Schauspieler ist und daß man seine eigene Persönlichkeit nicht verstellen sollte. Aber ganz gleich, welche Fähigkeiten wir erlernen wollen, wir werden zuerst gehemmt sein. Wenn wir z. B. anfangen, den Führerschein zu machen oder unsere ersten Tennisstunden nehmen, fühlen wir uns linkisch und unbeholfen. Nach einiger Übung und Erfahrung nimmt unser Gehemmtsein ab, und die neu erlernten Fähigkeiten wirken natürlich und unbewußt. Anstrengungen und Disziplin sind nötig, um einen natürlichen Eindruck vor einem Publikum zu machen.

Auf welche nonverbalen Faktoren sollten wir uns bei einem Vortrag konzentrieren?

1. Kleidung und Aussehen

Wenn der Apostel Paulus erklärt: "Ich bin allen alles geworden, damit ich auf alle Weise einige rette" (1 Kor. 9, 22). drückt er damit so etwas wie einen Grundsatz für christliche Kommunikation aus. In moralisch neutralen Fragen ist nicht meine Meinung am wichtigsten, sondern die Empfindungen und Einstellungen der Zuhörer. Wenn gepflegtes Aussehen und Kleidung einen Unterschied machen, wie die Zuhörer auf uns reagieren, sollte dies auch für uns von Bedeutung sein.

Eine Grundregel für Kleidung und äußeres Erscheinungsbild ist, daß sie zum Publikum, zur Situation und zum Redner passen sollte. Die ständig wechselnde Mode in Bezug auf Frisur und Barttracht machen absolute Regeln unmöglich. Ein Prediger, der sich seiner Zuhörer und ihren Maßstäben bewußt ist, wird seine Haare nicht so frisieren, daß sie ein Hindernis für seinen Dienst bedeuten. John T. Molloy, Modeberater von vielen amerikanischen Spitzenfirmen, wurde gefragt, welche Merkmale alle erfolgreichen Manager gemeinsam haben. Er fand zwei heraus: Ihr Haar ist gekämmt und ihre Schuhe sind geputzt. Und sie erwarten dasselbe von anderen Männern, besonders von ihren Mitarbeitern. Malloys Studie zeigt an, daß zerzaustes Haar, auch wenn es kurz ist, negative Reaktionen hervorruft. Haar, egal wie lang, muß ordentlich sein.

Regelmäßiger Sport und gesunde Ernährung helfen, überflüssige Pfunde los zu werden, die kein gutes Erscheinungsbild abgeben. Es ist schwer zu glauben, daß ein Pastor mit 15 Kilo Übergewicht die biblischen Ermahnungen zur Selbstdisziplin ernstnimmt. Unser Äußeres umfaßt auch den Gebrauch von Seife, Deo, Zahnpasta und Mundwasser. Mund- und Körpergeruch können solchen Anstoß erregen, daß sie zur Ablehnung des Predigers und seiner Botschaft führen können.

Untersuchungen haben gezeigt, daß wir allein aufgrund der Kleidung und des Aussehens einer Person Vorurteile aufbauen, deren wir uns nicht bewußt sind. Das alte Sprichwort "Kleider machen Leute" sollte eher lauten: "Kleider zeigen auf, wer wir sind." Während wir uns so kleiden, daß wir uns wohlfühlen, sollten wir auch bedacht sein, daß andere sich in unserer Gegenwart wohlfühlen und nicht durch unsere Kleidung abgestoßen werden. *Psychologie Heute* berichtete 1979 von einer Studie, die den Einfluß der Kleidung bei Verkäufern untersuchte: "Die Frage war, ob in einer Zeit, wo Jeans und Safarijacken sogar in etablierten Kreisen getragen werden, das Tragen von Berufskleidung noch eine Rolle spielt. Es zeigte sich, daß beispielsweise in einem Laden für Herrenbekleidung der Umsatz 43 Prozent höher war, wenn die Verkäufer Anzüge trugen, als wenn sie in Hemd und Krawatte bedienten. Der Umsatz fiel um 60 Prozent, wenn sie nur Hemden mit offenem Kragen trugen."

Anzüge sollten sauber und gebügelt sein, Socken sollten die Waden bedecken; Taschen sollten nicht durch Stifte, Notizbücher, Bibeln, Brillen und Brieftaschen ausgebeult werden, und zu einem frischen Hemd sollte auch die passende Krawatte getragen werden.

Ein Prediger beweist sein Können nicht dadurch, daß er beim Anziehen statt in den Spiegel in den griechischen Urtext schaut.

2. Bewegungen und Gestik

Gott hat den menschlichen Körper für Bewegungen geschaffen. Wenn die Zuhörer eine regungslose Statue sehen wollen, können sie ins

Museum gehen; und auch dort sind die eindrucksvollsten Plastiken oft die, welche lebendig erscheinen. In vielen Bereichen wird mit dem gesamten Körper gearbeitet: Dirigenten, Pianisten, Fußballspieler, Schiedsrichter, Schauspieler und Golfspieler setzen ihren Körper voll ein. Auch ein guter Redner sollte seinen Körper sprechen lassen.

Dabei sollte immer der Inhalt die Bewegung auslösen. Das bedeutet zweierlei: Es gibt Prediger, die völlig regungslos vor den Zuhörern stehen, wie sprechende Köpfe, die ihren Körpern verboten haben, mit der Botschaft in Beziehung zu treten. Solche Männer müssen es lernen, ihre Gedanken und Gefühle auch mit dem Körper auszudrücken. Sie sollten ihre natürlichen, körperlichen Ausdrucksweisen nicht unterdrücken. Sie sollten Kopf, Körper, Hände und Füße sprechen lassen, wie sie es auch im persönlichen Gespräch tun. Wir müssen lernen unsere Gestik reicher, kraftvoller und bewußter einzusetzen.

Für andere Prediger wiederum bedeutet das Prinzip, daß der Inhalt die entsprechenden Bewegungen hervorrufen sollte, sich weniger zu bewegen. Zu viel Gestik kann die Konzentration der Zuhörer stören und sie vom Inhalt ablenken. Wenn die Bewegungen, die wir ausführen, nur der Nervosität und inneren Unruhe zuzuschreiben sind, sollten wir lieber still stehen, denn sie beruhigen zwar uns, sind aber wenig hilfreich für die Zuhörer. Wenn sie sich aber auf den Inhalt beziehen, sollte man die Hemmungen abstreifen und das Gesagte mit Gestik und Bewegung unterstreichen. Der Übergang zu einem neuen Gedanken kann dadurch unterstrichen werden, daß man ein bis zwei Schritte nach rechts oder links geht. Nachdem dieser Gedankengang abgeschlossen ist, geht man wieder zurück. Sollen die Zuhörer eine kurze Zeit zum Nachdenken haben, kann man einen Schritt zurücktreten und selbst kurz still sein. Was Hamlet zu seinen Schauspielern sagte, stimmt auch heute noch: "Achte darauf, daß die Bewegungen zu den Wörtern passen und die Wörter zu den Bewegungen."

Ein besonderer Teil der Körpersprache ist die Gestik, die sich zum Sprechen so verhält, wie ein Schaubild für ein Buch. Gestiken dienen zum Ausdrücken und sind nicht dazu da, um zur Schau gestellt zu werden. Sie dienen auf verschiedene Weise der Kommunikation. Gestiken helfen das Gesagte zu erklären und zu beschreiben. Wenn ein

Prediger z. B. die Mauern Babylons beschreiben möchte, kann er sie viel wirkungsvoller mit Gesten beschreiben, als sie nur mit bloßen Worten zu erklären. Stellen Sie sich die folgende Darstellung einmal mit und einmal ohne Gestik vor: "Babylon war die Festung der heidnischen Mächte. Die Stadt war von einem komplizierten System doppelter Mauern umgeben; die äußeren Mauern waren etwa 27 km lang und waren stark und breit genug, daß zweirädrige Streitwagen darauf fahren konnten. Diese massiven Mauern wurden durch gigantische Verteidigungstürme gestützt und durch acht große Tore unterbrochen."

Gesten betonen den Vortrag. Es ist ein großer Unterschied, ob der Satz: "das ist extrem wichtig!" mit schlaff herunterhängenden Händen und Schultern gesagt wird oder ob das Wort "extrem" durch einen kräftigen Faustschlag unterstrichen wird. Gesten bringen Vitalität in die Stimme. Wenn man aber mit der Faust aufschlägt, um Nachdruck zu verleihen, so sollte dies sanft geschehen. Auch sollte man niemals mit dem Finger auf die Versammlung zeigen, denn die Hörer fühlen sich dadurch gerügt.

Gesten unterstützen die Aufmerksamkeit und halten sie aufrecht. Ein Objekt, das sich bewegt, fesselt das Auge mehr als ein ruhendes Objekt.

Gesten beruhigen den Redner. Wenn der Körper die Gedanken unterstreicht, fühlt man sich sicherer und wacher.

Gesten tragen dazu bei, daß sich die Zuhörer mit unseren Gefühlen besser identifizieren können. Bei einem Fußballspiel kann man oft beobachten, daß die Zuschauer zusammenzucken, wenn haarscharf am Tor vorbeigeschossen wird oder vor Begeisterung ihre Sitze umwerfen, wenn ihre Mannschaft ein Tor erzielt hat. Dieses projektive Verhalten wird *Empathie* (Einfühlungsvermögen) genannt. Im wesentlichen ist das eine Muskelreaktion, bei der die Zuhörer oder Zuschauer im begrenzten Maße mitagieren mit der Person, der sie zuhören bzw. zuschauen. Weil solche Reaktionen unbewußt sind, übertragen sich darin auch Gefühle des Redners, die er bei bestimmten Gedankengängen hat. Wenn der Redner sich unwohl fühlt, wird sich das in seiner Gestik niederschlagen, und die Zuhörer, die sich in ihn hineinfühlen, werden sich auch unwohl fühlen. Genauso kann ein Redner seine Zuhörer positiv beeinflussen und durch gezielte Gesten die Wahrscheinlichkeit erhöhen, daß seine Botschaft positiv aufgenommen wird.

a) Spontane Gestik

Es gibt einige Kennzeichen für wirkungsvolle Gesten. Das erste davon ist Spontaneität. Wir sollten uns durch Gesten ausdrücken, sie aber niemals künstlich "machen". Gesten sollten sich aus unseren Überzeugungen und Gefühlen heraus entwicklen. Obwohl Gesten nicht geplant werden sollten, können sie aber geübt werden. Wenn sie nicht natürlich kommen, sollten wir sie lieber ganz weglassen.

b) Eindeutige Gestik

Gesten sollten immer eindeutig sein. Wir sollten keine Hemmungen vor klaren, deutlichen Gesten haben, denn halbherzige, unvollständige Gesten vermitteln nichts Positives. Der ganze Körper sollte bei einer Geste beteiligt sein. Am erhobenen Zeigefinger, einer sehr einfachen Geste, sind nicht nur Finger, sondern auch die Hand, das Handgelenk, der Unterarm, Schultern und Rücken beteiligt. Sogar der Körper verlagert sich etwas, um Kraft in diese Bewegung zu legen. Wenn eine Geste unbeholfen wirkt, kann es oft damit zusammenhängen, daß der Körper nicht mitbewegt wird.

c) Abwechslungsreiche Gestik

Gesten sollten variiert werden. Die Wiederholung von nur einer einzigen Geste irritiert die Zuhörer. Eine Geste wie beim Wasserpumpen zieht etwa die Aufmerksamkeit der Zuhörer auf sich. Wenn sie aber zu oft ausgeführt wird, haben die Zuhörer den Eindruck, daß die Quelle fehlt. Übungen vor dem Spiegel sind hilfreich um herauszufinden, auf wie viele verschiedene Arten man seinen Körper bewegen kann. Richard Paget behauptet, daß wir 700.000 einzelne Zeichen mit unseren Armen, Handgelenken, Händen und Fingern produzieren können. Versuche es mit einer Hand, beiden Händen, offener Hand, geschlossener Hand, Handteller nach oben, nach unten usw. Experimentiere mit deinen Armen, mit Kopf, Augen, Gesicht.

d) Zeitlich genaue Gestik

Gesten sollten zur rechten Zeit kommen. Sie begleiten ein Wort oder einen Satz oder werden vorausgeschickt. Wenn sie dem Satz hinterherhinken, wirken sie lächerlich. Gesten, die nicht rechtzeitig kommen, weisen auf einen Mangel an Spontaneität und Motivation.

3. Blickkontakt

Der Blickkontakt ist der wichtigste und effektivste Teil der nonverbalen Kommunikation. Wir kommunizieren mit unseren Augen. Durch den Blickkontakt mit dem Publikum bekommen wir einerseits eine Rückmeldung (feedback), d.h. wir erfahren, wie unser Vortrag ankommt. Andererseits fördert der Blickkontakt die Aufmerksamkeit der Zuhörer. Wenn man die Zuhörer direkt anschaut, merkt man, ob man verstanden wird, ob Interesse da ist und ob die Bereitschaft vorhanden ist, noch weiter zuzuhören. Ein fähiger Prediger kann dann auf seine Beobachtungen eingehen und z. B. Erklärungen und Illustrationen einfügen, wenn er den Eindruck hat, daß die Zuhörer ihn nicht ganz verstanden haben. Darüberhinaus hat der Zuhörer durch den Blickkontakt das Gefühl, direkt und persönlich angesprochen zu werden. Pastoren, die über die Köpfe der Zuhörer hinweg ins Nichts schauen, auf ihre Notizen starren, aus dem Fenster gucken oder, was noch schlimmer ist, die Augen während des Sprechens schließen, handeln sich dadurch große Nachteile ein. Kein Publikum hört einem Redner aufmerksam zu, von dem es nicht angeschaut wird. Menschen mißtrauen sogar meistens demjenigen, der Blickkontakt vermeidet und unterschätzen das, was er zu sagen hat.

Obwohl man das Publikum als Ganzes anspricht, redet man doch zu jedem einzelnen. Bevor man anfängt zu reden, hält man inne und versucht, persönlichen Kontakt zu den Zuhörern herzustellen. Schweife mit den Augen über die Menge und halte bei diesem oder jenem für einen Augenblick inne. Das sollte man während der Predigt öfter tun. Sprich für ein bis zwei Sekunden nur zu einem Zuhörer, indem du ihm in die Augen siehst und wende dich dann einem anderen zu. Man sollte Zuhörer im ganzen Raum suchen und sie einzeln so lange anschauen, bis sie bemerken, daß sie persönlich angesprochen werden.

Wenn das Publikum sehr groß ist, kann man diesen Blickkontakt auch mit kleineren Gruppen suchen. Aber man achte darauf, daß man die Zuhörer nicht nur anstarrt, sondern auch mit ihnen spricht. Indem der Prediger die Übermittlung der Botschaft auf jeden einzelnen konzentriert, wird sein Wunsch überaus groß, daß der einzelne diese Botschaft auch versteht.

Die Zuhörer sollten dein Gesicht sehen können. Deshalb muß das Rednerpult gut beleuchtet sein, damit deine Augen nicht durch Schatten abgedunkelt werden. Das Publikum sollte so nah wie möglich bei dir sitzen, damit es deine Augen sehen und die gesamte Mimik deines Gesichtes beobachten kann.

4. Stimme

Eine Rede enthält mehr als nur Worte und Sätze. Durch den Klang der Stimme werden Gedanken und Gefühle auch ohne Worte übertragen. Aufgrund der Lautstärke, Geschwindigkeit und Tonhöhe des Gesagten wird oft über den körperlichen und emotionalen Zustand des Redners geurteilt. Er wird dadurch als aufgeregt, ärgerlich, zufrieden, krank, glücklich oder müde wahrgenommen. Weil die Stimme so vieles auslöst, sollte der Prediger ihre Funktionen und Wirkungsmechanismen gut kennen, damit er sie sinnvoll einsetzen kann.

Die menschliche Stimme entsteht genauso wie der Ton bei einem Blasinstrument. So wie das Rohrblatt im Instrument vibrieren muß, um einen Ton zu erzeugen, so müssen auch die Stimmbänder im Kehlkopf schwingen, wenn Luft aus der Lunge ausgeatmet wird. Stimme entsteht also, indem Luft aus den Lungen in die Bronchien gepumpt wird, die die Lungen mit der Luftröhre verbinden. Wenn die ausgeatmete Luft die Stimmbänder, die im oberen Bereich der Luftröhre liegen, passiert, geraten diese in Schwingung, wobei Klangwellen erzeugt werden. Dieser Klang breitet sich dann vom Kehlkopf über Rachen, Nebenhöhlen und Mund aus. Diese Hohlräume des Kopfes fungieren als Resonanzböden, genauso wie die Klangkörper bei Saiteninstrumenten. Weil durch die Bewegungen von Gaumen, Kiefer, Zunge, Lippen, Zähnen und der Rückwand der Rachenhöhle sich die Form der Resonanzböden verändert, wird die Stimmqualität erzeugt. Auch die Konsonanten wie *l, p, t, d, s, r* werden durch solche Bewegungen gebildet.

Selbst oberflächliches Verständnis der Mechanismen der Stimmbildung genügt um zu verstehen, daß für die Stimmbildung ein kontrollierter, ausreichender Luftvorrat vorhanden sein sollte. Auch sollten die Stimmbänder frei von übermäßigen Spannungen gehalten werden.

Die meisten Redner können die Qualität ihrer Stimme auch ohne besondere Stimmbildungsübungen verbessern, einfach weil sie die Prinzipien der Stimmbildung verstanden haben. So ist Bauchatmung wesentlich effektiver als Brust - oder Schulteratmung. Ein Redner sollte das ganze Alphabet in einem Atemzug aufsagen können. Bei manchen Rednern geht die Stimme hoch, wenn sie lauter reden. Sie müssen lernen, die Stimme zu senken, wenn sie mit mehr Kraft weitersprechen wollen. Andere dämpfen ihre Stimme zu sehr, weil sie ihren Mund nicht richtig öffnen und die Zähne nicht auseinanderbekommen. Es gibt auch Redner, die beim Reden zuviel Luft ausströmen lassen und dann nur noch hauchen können. Einige Prediger sprechen so schnell, daß sie viele Wörter verschlucken. Andere wiederum leiern ihren Vortrag monoton herunter. Die meisten rhetorischen Hilfen, die in Fachbüchern gegeben werden, sind Übungen, um diese allgemeinen Fehlerquellen abzustellen. Große Universitäten führen häufig Rhetorikkurse über das ganze Semester hindurch und bieten dadurch Hilfe für Studenten mit komplexeren Sprachproblemen an. Wenn ein Prediger solche Möglichkeiten zur Verfügung hat, gibt es für ihn keine Entschuldigung, wenn er nicht an seiner Stimmausbildung arbeitet, um sie aufs beste zu entwickeln.

Jeder Redner betont und unterstreicht seinen Vortrag durch vier verschiedene Parameter: Durch seine Tonhöhe, Tonstärke, Sprachschnelligkeit und Pausen. Diese vier ergeben die Interpunktion einer Rede.

a) Tonhöhe

Die Tonhöhe moduliert unsere Stimme, die Variationen der Stimmhöhe ergeben die Melodie der Stimme. Wenn man z.B. eine Frage stellt, verändert sich die Höhe der Stimme von tief nach hoch: "Glauben Sie an die Hölle?" Genau derselbe Satz, nur anders betont, kann etwas ganz anderes bedeuten, nämlich: "Sie glauben doch nicht an die Hölle!"

Monotone Tonhöhen lassen uns in den Schlaf sinken oder nerven uns wie ein Kind, das immer nur einen Ton auf dem Klavier hämmert. Viel Witz und Humor des Redners geht oft durch die falsch gewählte Tonhöhe verloren, weil die Zuhörer nicht schon an der Tonhöhe erkennen können, daß es sich um einen Witz handelt und nicht um eine ernst gemeinte Aussage.

b) Tonstärke

Variationen in der Lautstärke erzeugen Interesse und setzen Akzente. Ein Wechsel in der Tonstärke deutet die relative Wichtigkeit des Gedankens an. In der Aussage: "Der Herr ist mein Hirte," z. B. gibt es nur fünf Wörter. Wenn man den Satz fünfmal aufsagt und jedesmal ein anderes Wort betont, ergeben sich fünf verschiedene Bedeutungen dieser Aussage. Ganze Teile einer Predigt können akzentuiert werden, indem sie mit mehr Lautstärke vorgetragen werden.

Leider gibt es viele Prediger, die keine andere Möglichkeit kennen, ihre Gedanken zu unterstreichen. Ihre Predigten hören sich dann wie Marktgeschrei an. Sie verwechseln Lautstärke mit geistlicher Stärke und glauben, daß Gott nur im Sturm redet. Auf die Zuhörer wirkt solch eine Monotonie der Lautstärke jedoch ermüdend. Akzentuierungen erreicht man nur durch Variation. Wenn die Stimme sich plötzlich in Flüstern verwandelt, wirkt das genauso wie ein lautes Geschrei. Aber die meisten Prediger verwenden leider nur eine Lautstärke, obwohl das Benutzen seiner ganzen Bandbreite den Vortrag erheblich verbessern würde.

c) Sprachschnelligkeit

Akzentuierung eines Vortrags kann auch durch den Wechsel der Vortragsgeschwindigkeit erreicht werden. Sprich z.B. mal die kummervollen Worte Davids im gleichen Takt nach: "Mein Sohn Absalom! Mein Sohn, mein Sohn Absalom! Wollte Gott, ich wäre für dich gestorben! O Absalom, mein Sohn, mein Sohn!" (2 Sam. 18, 33). Dann sprich den Satz einmal ganz, ganz langsam. Jetzt sprich die ersten beiden Sätze schnell, mit Gefühl und den Rest langsam. Schon diese Variationen machen deutlich, daß auch die Geschwindigkeit Gefühle und Bedeutung ausdrückt.

Auch beim Gebrauch der Schnelligkeit oder um Nachdruck zu verleihen, liegt die Kunst im Wechsel. Wenn man z. B. eine Geschichte erzählt, Fakten wiedergibt oder Zusammenfassung vorträgt, geschieht das meist in einem flotten Tempo. Möchte man einen wesentlichen Gedanken betonen, verlangsamt man die Redegeschwindigkeit, damit die Zuhörer seine Bedeutung erfassen können. Die beste Akzentuierung erreicht man bei sonst normaler Sprachgeschwindigkeit durch Verlangsamen des Tempos. Mögen auch Worte durch schnelles Vortragen an Nachdruck gewinnen, so wird doch oft erst die Wichtigkeit durch langsames Sprechen zustandegebracht.

Manche Prediger, die den Ruf haben, zu schnell zu sprechen, mögen eher mit dem Problem kämpfen, daß sie undeutlich reden oder ihr Tempo nie variieren.

d) Pausen

"Durch Pausen redet man", sagte Rudyard Kipling. Ein guter Prediger weiß, daß Pausen wie Beistriche, Doppelpunkte oder Ausrufezeichen wirken. Pausen sind die Interpunktionszeichen einer Rede. Sie halten den Vortrag an und geben dadurch den Zuhörern die Möglichkeit, nachzudenken, sich einzufühlen oder zu antworten. Der erste Satz nach einer Pause hat mit dem letzten vor der Pause nicht natürlicherweise etwas zu tun. Deshalb kann man vor oder *nach* einem wichtigen Satz eine Pause machen. Eine Pause vor dem Höhepunkt einer Geschichte verstärkt die Spannung, und eine dramatische Pause, die anzeigt, wie tief der Redner selbst emotional beteiligt ist, sagt mehr als Worte. Pausen, die nicht durch Gedanken oder Gefühle motiviert sind, verwirren jedoch die Zuhörer.

Viele Redner haben Angst vor Pausen. Sie haben oft nicht die Selbstdisziplin, um solche Pausen auszuhalten. Viele von ihnen glauben, sie müßten immer weiterreden, damit die Zuhörer nicht auf die Idee kommen, sie hätten den Text vergessen. So rattern sie ihre Rede unaufhaltsam herunter oder sie füllen die Predigt an mit Wörtern wie *hm-äh-und-*. In einigen Kreisen werden Wörter wie "Amen" und "Preist den Herrn" völlig wahllos eingestreut und dienen nur als Füllwörter. Diese bedeutungslosen Geräusche und Wörter sagen nichts aus und sollten aus einer Rede verschwinden.

Eine Pause ist für die Zuhörer meistens nicht so lang wie für den Redner. Wenn man sich intensiv auf die Gedanken, die man mitteilen will, konzentriert und die Gefühle dabei wahrnimmt, wird eine Pause das Gesagte wirkungsvoll unterstreichen. Während dieser Pause sollte man die Zuhörer weiterhin anschauen. Manche Redner mißbrauchen diese Technik und pausieren zu lange. Das wirkt dann eher melodramatisch. Eine Pause sollte so lang sein, daß die Aufmerksamkeit auf den Gedanken gerichtet wird; aber sie sollte nicht so lang sein, daß die Stille die Aufmerksamkeit auf die Pause lenkt.

Ein Prediger sollte seine Predigt vor dem Vortrag proben. Eine Probe testet die Struktur der Botschaft. Die Gedankenfolge, die auf dem Papier klar und logisch erscheint, kann linkisch und unbeholfen wirken, wenn die Predigt vorgetragen wird. Wenn der Prediger seine Predigt laut aufsagt, merkt er am besten, wie die Gedanken zusammengestellt werden müssen, damit das Ganze flüssiger klingt.

Proben verbessern auch den Stil. Manchmal fallen dem Prediger dabei bessere Illustrationen oder Beispiele ein, als er sich vorher überlegt hat. Das Proben sollte aber nicht dazu dienen, die Predigt auswendig zu lernen. Statt dessen sollte er daran arbeiten, daß er eine klare Aneinanderreihung der Gedanken hat und diese in einer Sprache vermitteln kann, die auch das ausdrückt, was er sagen möchte.

Proben verbessern auch den Vortrag. Ein professioneller Schauspieler würde nie auf die Idee kommen, vor sein Publikum zu treten, ohne seine Rolle vorher ausführlich geprobt zu haben. Er überlegt sich vorher, wann er die Stimme heben oder senken soll, schneller oder langsamer redet, seine Tonhöhe ändert oder Pausen einlegt. Weil ein Prediger mehr als ein Schauspieler ist, sollte er sich nicht weniger vorbereiten. Wirkungsvolles Predigen muß geübt sein, weil der Prediger während seines Vortrags nicht auch noch darüber nachdenken kann. Was gut eingeübt ist, fällt dann auch auf der Kanzel nicht schwer. Anfängern nützt es viel, wenn sie ihre Predigten laut vor einem Spiegel proben und dabei einen Kassettenrecorder benutzen. Geübteren Rednern reicht es meistens, sich ihre Predigten halblaut oder lautlos durchzulesen. Einige wenige kommen damit aus, wenn sie ihre Predigt durchdenken und sich dabei vorstellen, wie sie vor den Zuhörern stehen. Für uns alle ist es nämlich meistens leichter, einen Weg nochmals zu gehen, den wir schon einmal gegangen sind.

Worum ging es im vergangenen Kapitel?

Nonverbale Sprache

Definitionen

Nonverbale Sprache

- Gestik, Mimik und Klang der Sprache.

Anhang 1

Antworten

Übungen zu Kapitel 2

1. **Gegenstand**: Test für eine gute Predigt
   Erläuterung: Er zeigt, wie Du bist.
2. **Gegenstand**: Warum moderne Predigten so schwach sind
   Erläuterung: Sie ignorieren die Bibel.
3. **Gegenstand**: Konsequenzen des Unglaubens gegenüber Gott
   Erläuterung: Wir werden alles glauben.
4. **Gegenstand**: Der Wert des guten Rufes
   Erläuterung: Er ist mehr als materielle Güter.
5. **Gegenstand**: Warum jedermann Gott preisen soll
   Erläuterung: Wir sollen ihn preisen für seine Gnade und Wahrheit.
6. **Gegenstand**: Der Vorteil, ein Gedächtnis zu besitzen
   Erläuterung: Es bewahrt uns vor Bedeutungslosigkeit.
7. **Gegenstand**: Wie wir mit anderen Menschen umgehen sollen
   Erläuterung: Wir sollten sie mit derselben Achtung behandeln, die wir vor der eigenen Familie haben.
8. **Gegenstand**: Vorteile des Spazierengehens
   Erläuterung: Es nützt uns körperlich und seelisch.
9. **Gegenstand**: Der gegenwärtige Einfluß der Astrologie
   Erläuterung: Sie gewinnt mehr Anhänger und breitet sich auch da aus, wo sie bisher abgelehnt wurde.
10. **Gegenstand**: Der schlechte Ruf der Küche des Weißen Hauses
    Erläuterung: Der schlechte Ruf der Küche des Weißen Hauses ist unverdient.

Übungen zu Kapitel 4

1. **Gegenstand**: Warum alte Menschen nicht mehr lernfähig sind

	Erläuterung:	Sie glauben, daß sie schon alles wissen und sind zu beschäftigt mit anderen Dingen.
	Frage:	Stimmt das? (Gültigkeit)
2.	**Gegenstand**:	Wie man auf Gottes Wort hören soll
	Erläuterung:	Sorgfältig und mit der Bereitschaft zum Gehorsam.
	Frage:	Wie kann ich das in meinem persönlichen Leben umsetzen? (Anwendung)
3.	**Gegenstand**:	Wie Sie Ihr Golfspiel im Winter verbessern können
	Erläuterung:	Durch Übungen vor einem großen Spiegel.
	Frage:	Stimmt das? (Gültigkeit)
4.	**Gegenstand**:	Die Popularität des CB-Funk in den USA
	Erläuterung:	Er beeinflußt alle Bereiche des amerikanischen Lebens.
	Frage:	Stimmt das? (Gültigkeit)
5.	**Gegenstand**:	Wie wir lernen
	Erläuterung:	Wir lernen durch wiederholte, unbewußte Erfahrungen.
	Frage:	Was bedeutet das? (Erklärung)
6.	**Gegenstand**:	Die Bedeutung des Gedächtnisses in der Musik
	Erläuterung:	Ohne Gedächtnis könnten wir keine Melodien hören.
	Frage:	Was bedeutet das? (Erklärung)
7.	**Gegenstand** :	Die positive Auswirkung des Watergate Skandals
	Erläuterung:	Die schnelle Entwicklung einer zentralisierten, alles beherrschenden Regierung wurde verzögert.
	Frage:	Was soll's? Was hat das mit mir zu tun? (Anwendung)
8.	**Gegenstand**:	Die Umkehrung der traditionellen Ziele von Arbeit und Spiel
	Erläuterung:	Spiel hat sich in Arbeit verwandelt und was einmal Arbeit war, ist heute Erholung.
	Frage:	Was bedeutet das? (Erklärung)

Anhang 2 Graphische Anordnung von Epheser 4,11-16

Vers

11 Und er hat eingesetzt
einige als Apostel,
einige als Propheten,
einige als Evangelisten,
einige
als Hirten
und Lehrer,

12 damit die Heiligen *zugerüstet* werden
zum Werk des Dienstes.
Dadurch soll der Leib Christi erbaut werden,

13 bis wir alle *hingelangen*
zur *Einheit*
des Glaubens
und der Erkenntnis des Sohnes Gottes,
zum vollendeten Mann,
zum vollen Maß der Fülle Christi.

14 damit wir nicht mehr *unmündig* seien
und uns von jedem Wind einer Lehre
bewegen und *umhertreiben* lassen,
durch trügerisches Spiel der Menschen,
mit dem sie uns arglistig verführen.

15 Laßt uns aber wahrhaftig sein in der Liebe und *wachsen*
in allen Stücken
zu dem hin,
der das Haupt ist,
Christus.

16 Aus ihm wird der ganze Leib
zusammengefügt und ein
Glied hängt am anderen
durch alle Gelenke,
wodurch jedes Glied
das andere unterstützt
nach dem Maß seiner Kraft und Macht,
daß der Leib wächst
und sich selbst aufbaut in der Liebe.

Anhang 3

Beurteilung einer Predigt

A. Zur Organisation

1. *Einleitung*

Erzeugt sie Aufmerksamkeit?
Berührt sie direkt oder indirekt Probleme der Zuhörer?
Leitet sie zum Thema hin?
Hat sie die richtige Länge?
Verfolgt sie eine bestimmte Absicht?

2. *Struktur*

Ist die Reihenfolge der Gedanken logisch?
Gibt es eine Hauptaussage?
Welche?
Sind die Überleitungen gut?
Gibt es logische Zusammenhänge zwischen den einzelnen Punkten?
Haben die Unterpunkte deutlichen Bezug zu den Hauptpunkten?
Haben die Hauptpunkte etwas mit dem Gesamtthema zu tun?

3. *Schluß*

Hat die Predigt einen Höhepunkt?
Gibt es eine Zusammenfassung?
Wird abschließend ein Aufruf oder konkrete Vorschläge gemacht?

B. Zum Inhalt

Ist der Gegenstand bedeutsam? Ist er angemesssen?
Liegt der Predigt eine solide Auslegung zugrunde?
Zeigt der Prediger, wo im Text er sich gerade befindet?
Ist die Analyse des Themas durchdacht? Logisch?

Überzeugt der Prediger Sie von seiner Meinung?
Zeigt der Inhalt Originalität?
Ist das Material in Bezug auf den Hauptpunkt logisch?
Interessant? Variationsreich? Genau? Ausreichend?

C. Zum Stil

Drückt der Redner sich grammatikalisch richtig aus?
Ist sein Vokabular konkret, lebendig? Abwechslungsreich?
Paßt die Wortwahl zum Inhalt?

D. Zum Vortrag

1. *Direktheit*

Will der Redner gehört werden? Ist er geistig anwesend?
Haben Sie das Gefühl, daß er mit Ihnen redet?
Ist er freundlich?
Hört sich der Vortrag wie ein lebendiges Gespräch an?
Werden die Worte korrekt ausgesprochen?

2. *Mündlicher Vortrag*

Ist die Stimme gut zu verstehen?
Wird sie deutlich artikuliert?
Gibt es stimmliche Variationen?
Ändert sich die Tonhöhe?
Variiert er die Tonstärke?
Ändert sich das Tempo?
Gebraucht der Redner wirkungsvolle Pausen?

3. *Physischer Vortrag*

Ist der ganze Körper an der Predigt beteiligt?
Benutzt der Redner Gesten?

Sind die Gesten spontan? Umfangreich? Deutlich? Ist der Redner lebhaft? Hat er eine ansprechende Mimik?

E. Zur allgemeinen Wirkung

Berührt die Predigt Ihre Interessen?
Knüpft sie an Ihr Vorwissen an?
Trifft sie den Kern Ihrer Probleme?
Schaut der Prediger Ihnen in die Augen?
Haben Sie den Eindruck, daß er die Reaktionen des Publikums mitbekommt?

Literaturverzeichnis

Aland, K., Aland, B.: *Der Text des Neuen Testamentes*, Stuttgart: Deutsche Bibelgesellschaft, 1982

Aland K. (Hrsg.): *Synopsis Quattuor Evangeliorum*, 9. Aufl., Stuttgart: Deutsche Bibelgesellschaft, 1976

Archer, G. L.: *Einleitung in das Alte Testament*, Bd.1 Bad Liebenzell: Verlag der Liebenzeller Mission, 1986

Bauer, W.: *Griechisch-deutsches Wörterbuch zu den Schriften des Neuen Testaments und der übrigen urchristlichen Literatur*, 5.Aufl., Berlin / New York: de Gruyter, 1971

Blass, F., Debrunner, A., Rehkopf, F.: *Grammatik des neutestamentlichen Griechisch*, 16. Aufl., Göttingen: Vandenhoeck & Ruprecht, 1984

Bruce, F. F.: *Zeitgeschichte des Neuen Testaments* (2 Bde.). Wuppertal: R. Brockhaus, 1975

Coenen, L., Beyreuther, E., Bietenhard, H.: *Theologisches Begriffslexikon zum Neuen Testament* (2Bde.), 4. Aufl., Wuppertal: R. Brockhaus, 1986

Dietzfelbinger, E.: *Das Neue Testament, Interlinearübersetzung Griechisch-Deutsch*, Stuttgart-Neuhausen: Hänssler, 1986

Elliger, K., Rudolph, W. (Hrsg.): *Biblia Hebraica Stuttgartensia*, Stuttgart: Deutsche Bibelgesellschaft, 1978

Fohler, G.: *Hebräisches und aramäisches Wörterbuch über das Alte Testament*, Berlin/New York: de Gruyter, 1971.

Gesenius, W.: *Hebräisches und aramäisches Wörterbuch über das Alte Testament*, Berlin (Göttingen) Heidelberg: Springer, 1962.

Große Konkordanz zur Lutherbibel. Stuttgart: Calwer Verlag/ Christliches Verlagshaus, 1979.

Grünzweig, F., Blunck, J., Holland, M., Laepple, U., Scheffbuch, R.: *Brockhaus Biblisches Wörterbuch*, Wuppertal: R.Brockhaus, 1982

Huck A., Greeven, H.: *Synopse der drei ersten Evangelien* (griechischer Text), 13. Aufl., Tübingen: J. C. B. Mohr,

1981
Kittel, G., Friedrich, G. (Hrsg.): *Theologisches Wörterbuch zum Neuen Testament* (10 Bde.). Stuttgart: W. Kohlhammer, 1933-1979
Luther, R. : *Neutestamentliches Wörterbuch*, 5. Aufl., Gütersloh: Gütersloher Verlagshaus, 1984
Nestle-Aland: *Novum Testamentum Graece*, 26. Aufl., Stuttgart: Deutsche Bibelgesellschaft, 1979
Peisker, C. H.: *Evangelien-Synopse der Einheitsübersetzung*, Wuppertal: Oncken / Stuttgart: Kath. Bibelwerk, 1983
Peisker, C. H.: *Luther Evangelien-Synopse*, 7. Aufl., Wuppertal: Oncken, 1984
Peisker, C. H.: *Neue Luther Evangelien-Synopse*, Wuppertal: Oncken, 1985
Peisker, C. H.: *Zürcher Evangelien-Synopse*, 23. Aufl., Wuppertal: Oncken, 1985
Pesch, R., Wilckens, U., Kratz, R.: *Synoptisches Arbeitsbuch zu den Evangelien* (5 Bde.), Gütersloh: Gütersloher Verlagshaus / Köln: Benziger, 1980/81
Praktisches Bibelhandbuch, Wortkonkordanz, 11. Aufl., Stuttgart: Kath. Bibelwerk, 1982
Rienecker, F. : *Sprachlicher Schlüssel zum griechischen Neuen Testament nach der Ausgabe von D. Eberhard Nestle*, 16. Aufl., Gießen/Basel: Brunnen, 1980
Reinecker, F.: *Lexikon zur Bibel*, 10. Aufl., Wuppertal: R. Brockhaus, 1985
Rost, L., Lisowsksy, G. (Bearb.): *Konkordanz zum hebräischen Alten Testament*, 2. Aufl., Stuttgart: Deutsche Bibelgesellschaft, 1966
Schierse, F. J.: *Konkordanz zur Einheitsübersetzung der Bibel*, 2. Aufl., Düsseldorf: Patmos / Stuttgart: Kath. Bibelwerk, 1986
Schmoller, O. u. A.: *Handkonkordanz zum griechischen Neuen Testament*, 14. Aufl., Stuttgart: Deutsche Bibelgesellschaft, 1968
A. Rahlfs, Hrsg.: *Septuaginta*, 2 Bde, 8. Aufl., Stuttgart:

Deutsche Bibelgesellschaft, 1965
Stoy, W. Haag, K.: *Bibel-Griechisch - leichtgemacht*, Gießen/Basel: Oncken, 1983
Strack, H. L., Jepsen, A.: *Hebräische Grammatik mit Übungsbuch*, München: C. H. Beck, 1983 (Nachdr. d. 15. Aufl.)
Wonneberger, R.: *Leitfaden zur Biblia Hebraica Stuttgartensia*, 2. Aufl., Göttingen: Vandenhoeck & Ruprecht, 1986
Würthwein, E.: *Der Text des Alten Testaments*, 4. Aufl., Stuttgart: Deutsche Bibelgesellschaft, 1973